A BEGINNER'S
GUIDE TO

SUCCULENTS

はじめての多肉植物栽培

松山美紗／著

JN082508

多肉植物の一番の魅力は、やはり生命力の強さにあるのではないかと思います。飽き性で、三日坊主すらままならぬ、ことごとく続かない残念な私ですが、多肉植物と出会って20年近く経過した今も、飽きることなく、むしろのめり込んで育てています。

雨があまり降らない乾燥地帯で、どう生き延びるか。そう進化していった特殊な植物が「多肉植物」です。その進化の過程で他の植物にはない、個性的な容姿となり魅力的な造形を持つ植物となりました。

お手入れがかんたんな多肉植物と言われていますが、実際に育ててみると枯れてしまったり、元気がなくなってしまったり形が崩れてしまったりと、どうもうまくいかないという声も聞きます。でもそうなってしまう原因としては、大きな誤解があるように感じています。光のない店舗に置かれて販売されていることも多いので、そういった場所でも育つという誤解が代表的です。

お世話に手間をかけるというよりはお世話の仕方にコツがあるので、それを知っていただきたいのです。植物が今どういう状況で、どういったSOSを出しているのかが理解できれば対処法も自ずと見えてきます。

他の植物よりも生長がゆっくりで、スペースもとらず、何といっても植物を超えた、動物的な愛らしさを持った特別な植物。好きという気持ちが続けば、どなたでも育てられる植物だと思います。インテリアや器にこだわることで、より自分らしく、日常の生活の一部となる多肉植物。多肉植物があることで、日常がより良いものになれば嬉しいです。

本書では、そんな多肉植物の育て方のコツと暮らし方をご紹介していきます。

松山美紗

CONTENTS

本書掲載の多肉植物生育型について

本書掲載の多肉植物は、3つの生育型に大別して記載しています。
夏型のものは夏、春秋型のものは春と秋、冬型のものは冬に生育期を迎えます。
型によって育て方が異なるので注意が必要です。
ご自身の多肉植物の生育型をチェックしてから育て始めるとよいでしょう。

夏型種

気温の高い時期に生長する品種。夏に生長し、秋の気温が下がってくる頃になると生長が鈍り、冬になると生長をとめ休眠をします。そして温度が上がってくる春になると、少しずつまた生長を始めていきます。夏に生長しますが、湿度が苦手な品種が多いので、夏は風通しを良く、直射日光を避け、葉焼けや腐りから守ります。休眠期の寒い時期は、室内に入れるなどして寒さから守ります。

カランコエ／ユーフォルビア／アロエなど

春秋型種

春と秋に生長する品種。真夏、真冬に生長が鈍ります。鈍る程度で休眠はしないので、水やりは断水をせず、回数を減らす程度で大丈夫です。夏は風通しを良くし、蒸れないように。冬は室内に入れるなどして寒さから守るようにします。育てやすい品種が多く、初心者の方でも安心して育てられます。春、秋の両方で植え替えが行えます。また挿し木、株分け、葉挿しなど、繁殖もこの時期に行います。

ハオルシア／エケベリア／セダム／アエオニウム／リプサリスなど

冬型種

寒さに強く、低温時に生長する品種です。冬型種はあまり多くありませんが、育て方が特殊なので注意が必要です。暑い夏が終わり気温が下がってくる頃から生長を始めます。冬型とは言いますが、5度以下など極端な寒さになると生長が鈍り、凍害にも当たるので、防寒対策は行ってください。春～秋にかけて生長が鈍ります。特に湿度の高い高温期は大の苦手です。夏は通風をしっかりと行い、断水し休眠させます。

クラッスラ／リトープスなど

1

多肉植物とサボテンを知る

ひとくちに多肉植物と言ってもその種類はさまざま。エケベリアやハオルシアなど有名なものがありますが、これらはすべて属名になります。このCHAPTERでは、おすすめの多肉植物を属ごとに分類して紹介しています。多肉植物の中には、寒さに強いものや弱いもの、湿気に強いものや弱いものなどと特徴があります。この属ごとに特徴が大別されていて、育て方もさまざまです。すでにお手持ちの多肉植物やこれから購入を考えている多肉植物が掲載されていたら、育て方の参考にしてみてください。またそれぞれの属の特徴の写真も掲載しています。その品種が見せる紅葉、草姿などグッと寄ったアングルでお楽しみください。

HAWORTHIA

ハオルシア

ツルボラン科　ハオルシア属
── 春秋型種

寒さ暑さに強くとても育てやすいです。葉に採光用の窓があるものとないものがありますが、性質は近く、弱い光でも育てやすいことから、室内の窓辺管理がおすすめです。他の多肉植物より水を好みます。完全に根が乾くことを嫌うので、断水などはせず、通年水やりをします。子供が横に出て群生していくので、株分けをして増やします。根の生育が良いので、植え替えの際には、新しい白い根を残し、茶色の根はしっかりと取り除きます。

/ Feature of HAWORTHIA /
ハオルシアの特徴

レンズ構造の葉

葉先に大きなレンズ構造を持ち、体内に光を取り込むことができる植物。このレンズを窓と呼び、透明感が人気。

葉の模様

葉の全体に突出した白点を持ち、それが爬虫類を彷彿させる。たくさんの品種があり、白点も多様。

ロゼット状の葉

大なり小なり全てロゼット状に葉が展開する。葉脈の模様が一つ一つ違いここに価値を見出して高値で取引されることもある。

KALANCHOE

カランコエ

ベンケイソウ科　カランコエ属
―― 夏型種

性質は強く生長も旺盛で育てやすい品種。冬の寒さには多肉植物の中でも一番弱いぐらいなので、注意が必要です。春になり気温が少し高くなると生長を始めていきます。夏の暑さには比較的強いので、気温が下がるまで、水を与えます。産毛がある品種は葉に水が付着しやすく、そのまま直射日光に当てると葉焼けをするので、水は株元にあげます。冬には休眠するので水やりを減らし、室内で管理します。生長期には葉挿し、挿し木が可能です。

/ Feature of KALANCHOE /
カランコエの特徴

葉の表面

葉の表面が産毛に覆われている「月兎耳」が代表種ですが、兎シリーズと呼ばれるこの変種がたくさんある。

葉先の特徴

葉の縁には、星のように斑点模様がある品種があり、その点が繋がって、線になる場合もある。色々な姿が楽しめる。

ビロードの葉

赤みがかった茶色の葉の表面は細かい産毛に覆われていて、まるでビロードのような質感。冬の寒さから身を守るため出た産毛。

花の咲き方

花茎を長く伸ばしいくつものベル状の花を咲かせる。花色は渋い本体からは想像もつかない鮮やかな色で、交配を促す。

ECHEVERIA

エケベリア

ベンケイソウ科 エケベリア属
—— 春秋型種

日光を好みます。病害に注意すれば、他は特に難しいことはなく育てることができます。多くの品種が「葉挿し」で増やすことができます。生長期ではしっかりと水をやり、株を大きくさせたり、葉挿しや挿し木などして繁殖をするのにもいい時期です。夏の蒸れが苦手なので夏場は水を控え休ませます。特に夏に弱い品種もあるので風通しのよい場所で管理します。寒さには強い方ですが、霜や冷気に当たらないように気をつけます。

Feature of ECHEVERIA
エケベリアの特徴

ロゼット状の葉

バラの花びらのように美しく葉を広げる。
日光が足りないと、このロゼットが崩れて
しまうので、十分な日照が必要。

花芽のつき方

株元から花茎を伸ばし先端は垂れる。春先
にはスズランの花のように、小さな花をい
くつも咲かせる。

秋から春まで紅葉する

11月の下旬頃から本格的に色とりどりに鮮
やかな紅葉が始まる。品種によって色づき
方が異なる。

EUPHORBIA

ユーフォルビア

トウダイグサ科　ユーフォルビア属
―― 夏型種

冬の寒さに弱く、気温の高い時期に生
長します。比較的育てやすく、扱いや
すい品種。冬の寒い時期には室内で管
理すれば越冬もかんたんにできます。
真夏は湿度が高いため、水やりを少し
控えめにして蒸れから守ります。根が
細くて弱いため、植え替えをせず根を
あまり動かさない方が生長します。植
え替えの際には根を傷つけないように
注意。挿し木や株分けで増やすことが
できます。ハサミを使い、その際に出
る乳液の扱いは手がかぶれるので注意
が必要です。

Feature of EUPHORBIA
ユーフォルビアの特徴

棘を持つ

サボテンのようですが、サボテン科ではない。サボテン科の特徴の棘座（しざ）を持たず、茎から直接棘を出す。

葉の特徴

冬は落葉し、暖かい時期にだけ葉が出る。完全に落葉する種類と、葉を減らす種類がある。

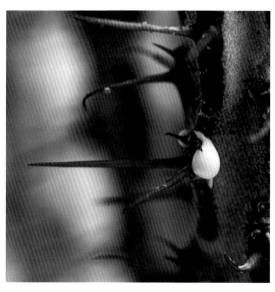

乳液

表面が傷つくと、白い液体が出てくる。動物の食害から身を守るためで、触れるとかぶれてしまうこともあるので注意。

木立する

上へと生長して分岐し、ブッシュ状になるものが多い。挿し木は切った際に出る乳液を水で洗い流してから行う。

CRASSULA

クラッスラ

ベンケイソウ科　クラッスラ属
—— 春秋型種・冬型種

だらしなく伸びて枯れこんだものなどはしっかりと剪定し、生長期
に主に挿し木で繁殖を行うと良いでしょう。『火祭り』などは葉挿
しも可能。断水しすぎると生長をとめてしまい、それから生長を再
開するのが難しいので、通風をしっかりと行い。夏場でも涼しい
日を見つけては水やりを行うと秋からの生長が良いです。秋から
は紅葉が始まり葉を鮮やかに染めます。冬型種は生長はゆっくり
で暑さにとても弱いので夏場は遮光して断水が必要です。

Feature of CRASSULA
クラッスラの特徴

葉のつき方

上から見ると、交互に十字に美しく葉が重なる。これがクラッスラ属を見分ける特徴でもある。

肉厚な葉

下の葉から枯れていくので、見栄えが悪くなったら挿し木をして作り直すと良い。

花の咲き方

花茎を伸ばして、先端に小さな花をいくつもつける。花茎が長く伸びる品種が多くユニークな姿が楽しめる。

SEDUM
セダム

ベンケイソウ科　セダム属
—— 春秋型種

日光を好みます。室内では間延びして
しまうので屋外が育てやすいです。寒
さには比較的強いですが、真冬は凍害
から守るため、室内で休ませると美し
く育てられます。生長のスピードが早
いので、葉挿しよりも挿し木の方が早
く繁殖できます。夏の蒸れが苦手で、
特に密集して生長する矮性セダムは蒸
れやすく、葉が枯れこみます。夏のダ
メージを受け間延びしてしまった株な
どは思い切って切り戻すと、秋に新芽
や葉が出て仕立て直せます。

Feature of SEDUM
セダムの特徴

葉の特徴

葉がジェリービーンズのように丸っこく肉厚で、ポップな印象が可愛らしい。肉厚なので、葉挿しも可能な品種がある。

木立種

下の葉から順に枯れていき、上の部分にしか葉をつけず、茎をしっかりと太らせる木立種もある。

花芽のつき方

花茎をしっかりと伸ばし、星形の花が春先に開く。セダムの特徴的な小さな葉同様、花芽も小さく密集した蕾。

鮮やかに紅葉する

暖かい時期にはグレーや緑だった葉が、徐々にピンクや赤などに色づき、真冬には、ビビッドな色に紅葉する。

ALOE
アロエ

ツルボラン科　アロエ属
—— 夏型種

性質はとても強く繁殖力もあり、暑さ
寒さに強く育てやすいです。休眠期は、
断水はせず、多少水やりを減らして休
ませる程度に。耐寒性があり屋外で越
冬できる品種も多いですが、冬のみ室
内に入れて管理するとダメージが少な
いです。生長期は水をあげ、しっかり
と日光に当てます。乾燥にも比較的強
いですが、葉先が枯れこむので、綺麗
な姿に育てるには、あまり乾かしすぎ
ないことが大事。

Feature of ALOE
アロエの特徴

葉の突起

葉の表面に模様がある品種が多い。またその模様が突起となっている場合もある。近年は交配種も多く、もっと派手なものもある。

ロゼット状の葉

大半の品種が、葉を花のようにロゼット状に広げる。まれに、扇のように双方にのみ葉を展開する品種もある。

葉の縁の棘

葉の縁には、棘のように突起がつく。この部分は冬になると鮮やかに紅葉し、造形のアクセントとなり、個性的な姿を作り出す。

AEONIUM
アエオニウム

ベンケイソウ科　アエオニウム属
—— 春秋型種

暑さ、寒さに弱く、生長期と休眠して
いる姿にギャップがありますが、その
メカニズムを知れば、性質は強く育て
やすいです。日光を好むので、間延び
しないように生長期はしっかりと屋外
の光に当てて育てると強く良い株に育
ちます。挿し木をして増やしますが、
春よりも秋の方が成功率が高くよく増
えます。一般的に挿し木は、切り口を
しっかりと乾かし、乾いた土に挿しま
すが、この属は、少し水を含ませた方
が発根を促します。

Feature of AEONIUM
アエオニウムの特徴

ロゼット状の葉

葉が花のようにロゼット状に広がる。小型
種や大型種と様々あり、葉の色、模様もさ
まざま。生長期は葉の枚数が多い。

茎の分岐

1本の枝からいくつも分岐していく。葉を
落として生長していくため、茎の造形が際
立つ。繊細で細いラインが印象的。

葉のつけ方

下の葉から順に枯れて上の部分のみ葉をつ
ける。休眠期は葉が全部ではないが、かな
り落葉して休む。

LITHOPS

リトープス

ハマミズナ科 リトープス属
── 冬型種

南アフリカ原産で、「living ston（生きてる宝石）」と呼ばれてい
るように、石のような見た目をしています。これは動物からの
食害から身を守るために、石に似せている擬態と言われていま
す。春先から表面にシワが寄り、徐々に水分を失い、夏にはカ
サカサの殻をかぶった状態に。この時期は断水をし風通し良く、
涼しい場所で休ませます。秋になると、この殻を破り、新しい
葉を出します。この時期から水やりを開始します。

Feature of LITHOPS
リトープスの特徴

窓

採光のために、葉の表面がレンズ構造になっている。模様や色が品種によって異なるため、カラフルな寄せ植えが楽しめる。

仕組み

上から下へ、1対の葉と葉、根が広がる数ミリ上の箇所が茎、そして根というアンバランスな構造でできている。

脱皮

茎が短く、落葉することができないリトープスは、動物と同様に脱皮という方法で旧葉と新葉を交換している。

RHIPSALIS

リプサリス

サボテン科　リプサリス属
―― 春秋型種

着生するサボテン。元々はランのよう
に樹木に着生し生長します。そのため、
高い湿度と、半日陰を好むので比較的
育てやすいといえます。土に植えても、
苔玉などに植え付けても育てることが
できます。根が蒸れることが苦手なの
で、夏は少し水やりを控え、乾燥気味
にすると良いでしょう。空気中に気根
を出しやすく、増やす場合は、その根
がある箇所を株元として剪定し挿し木
します。

Feature of RHIPSALIS
リプサリスの特徴

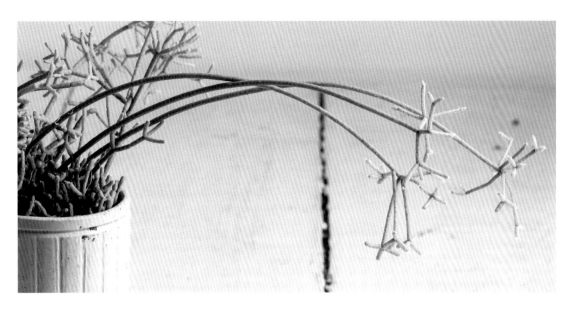

生長の仕方

新しい茎を長く勢いよく伸ばし、先端で茎
節をどんどん連ね、その重みで垂れ下がる。

花の咲き方

冬に少し透けた繊細な花びらの花がつく。
夏には丸い小さな実をいくつもつけ、愛ら
しい姿が楽しめる。

茎の特徴

茎節が短く、連ねていく姿が線香花火のよ
うに繊細で美しい品種の『青柳』。品種によ
って茎の形が異なる。

CACTUS

サボテン

サボテン科
—— 夏型種

サボテン科は色々な姿、形のものがあります。柱やウチワ、球体、または岩のようなものまで。その個性的な造形は、全て過酷な環境を生き抜くために進化していったと言われています。性質は基本的にはどれも強く育てやすいです。とはいえ、水も光も必要です。他の多肉植物同様、生長期にはしっかりとした水やり、日照を与えて育てます。真冬は凍害から守るため、室内の窓辺に移動させます。

Feature of CACTUS
サボテンの特徴

毛

日中は猛烈な強い光を遮るためのカーテン、
夜間は、寒さから身を守るための暖房とし
て茎に付着するように生える。

玉サボテン

柱サボテンが更に進化し、球体に。球体に
なったことで水分量をより多く保て、面積
を小さくすることで表面からの蒸発も防ぐ。

柱サボテン

葉を持たないことで蒸発を防ぎ、茎を太ら
せ、多肉化した幹だけで光合成を営むこと
が可能となった柱サボテン。

棘

葉から進化したと言われる棘。水分の蒸発
を防ぎ、陰を作り遮光し、動物からの食害
から守るためなどと役割がたくさんある。

一、多肉植物をもっと近くで見てみよう

造形が美しい多肉植物をただ眺めているだけで
も楽しめますが、ルーペで見る世界は肉眼で見
たものとは違い新しい魅力があります。拡大し
てみると、棘の生え揃った連続性のある造形、葉
の斑点、葉のカッティング模様など、肉眼では
見えない凹凸や細部がよく見えます。産毛など
が生えている品種も、想像以上の本数が生えて
いることが確認できたり、グラデーションにな
っている箇所などは、繊細な色の変化がよくわ
かります。先端だけ紅葉している品種なども色
づき方がよく見えて、造形の美しさが細部にあ
ることが確認できます。また、そんな風に観察
することで、虫がついていることや弱っている
箇所などが発見できることもあったり。定期的
にルーペで観察してみてください。より多肉植
物が好きになると思いますよ。

/ CHAPTER /

2

多肉植物を育てる 12ヶ月

"多肉植物は丈夫で育て方がかんたん"と聞いていたのに、枯らしてしまった……という方も多いと思います。たしかに多肉植物は他の植物に比べて、丈夫で育てやすいと言えますが、生き物には変わりありません。丈夫だからと言って日陰に置きっぱなしにしたり、水やりをずっとしないと枯れてしまいます。このCHAPTERでは、12ヶ月、それぞれの月でやるべき多肉植物のお世話とその月で見せる多肉植物の特徴などをまとめました。本来、熱帯地域で生きている多肉植物は、乾燥が大好き。そういう環境に近づけてあげることが、上手に育てるコツです。もちろん品種や種別によってくるので、よく観察しながら育てましょう。

多肉植物を育て始める前に知っておきたい4つのこと。

1 置き場所

とても乾燥している熱帯地域が原産地である多肉植物。家庭で育てる場合でもこの原産地の環境に近づけるとすくすくと育ってくれます。日当たりが良く風通しの良い場所。この逆の場所では、弱って枯れてしまうこともしばしば。一日4時間以上、日の当たる場所に置いてあげると良いでしょう。

お庭に置いてみよう

屋外で管理する場合、直接雨が当たらない、軒下などで管理するようにします。ひさしのあるベランダやスタンドなどで雨を防いであげるのも良いでしょう。梅雨や台風で雨がふきこんでくる季節は、鉢植えなら室内に取り込み管理します。地植えの場合は、当て木などをして倒れないように注意します。軒下で管理する場合、奥に入れすぎると日当たりが悪くなるので、太陽の動きに合わせて動かしてあげましょう。また、コンクリートの上に直接置いてしまうと、照り返しで葉焼けなどをおこしてしまうので、すのこや台などの上に置いて管理するようにしましょう。

お部屋に置いてみよう

屋内は屋外よりも日当たりが悪いので、基本的には窓際などのしっかり日が入る場所で管理します。多肉植物は湿気が大敵なので、ときどき窓をあけて風に当ててあげるとよいでしょう。十分な明るさだと思っていても、多肉植物にとっては足りないということもあります。元気がなくなる要因は、光不足であることがほとんどなので、元気がないと感じたらこまめに外に出して、日光浴させてあげます。日当たりと風通しに注意すれば、室内でもかんたんに育てることができるのが多肉植物の良いところ。品種によっては湿気に強いものもあるので、品種の特徴を理解してから飾りましょう。

2 季節に応じた管理

四季がはっきりしている日本では、その季節に応じたケアが大事です。CHAPTER2では、一年を通してそれぞれの月の作業を記述していますが、ここでは春夏秋冬の多肉植物の様子と管理の仕方を紹介します。実際の作業の入る前に一年の大まかな流れを理解しておきましょう。

霜が降りるような寒い夜は、室内に取り込む

一年のうちで大半の品種の多肉植物が生長期に入るこの季節。気温が上がり、植物の根も活発に伸びるので、鉢の中の土が乾燥しやすくなります。土の表面が乾いたら水やりをする目安にします。冬の間、室内に取り込んであった多肉植物を外に出してあげる季節でもあります。急に外に出すと、強い日差しで葉焼けをおこしてしまうことがあるので、曇りの日を選んで外に出してあげたり、カーテン越しに置くなどして、日の光に慣れさせてから出すようにします。

冷房や扇風機の風に直接当たらないように注意

日本の夏は、多肉植物にとって辛い季節。湿度が高く、空気中にたくさんの水分が含まれているので、水やりは控えめで大丈夫です。体の小さい品種は、水やりしないとしおれて枯れてしまうので、葉の状態をよく見て、シワが寄っていたり、土が乾燥していたら涼しい夜に水やりします。管理する場所は、直射日光を避け、木陰やカーテン越しなどで管理します。室内で管理する場合は、風通しに気をつけ、締め切った部屋などに置かないようにします。

春 | 夏

SPRING | SUMMER

AUTUMN | WINTER

秋 | 冬

きれいに紅葉させるコツは、十分な日の光

辛い夏を乗り越えダメージを受けて弱ってしまった多肉植物を回復させる季節です。だんだん涼しくなり、品種によっては紅葉を始める多肉植物も。控えていた水やりも再開させます。夏の強い日差しから守るために日陰に置いていたものも、日の当たる場所に移動させましょう。春の管理のように、いきなり光に当てると葉焼けをおこしてしまうので注意します。十分な光に当てるときれいに紅葉するので、秋の多肉植物の表情を楽しみましょう。

夜間の窓辺は冷えるので、窓から離れた場所に

寒さに弱いイメージのある多肉植物ですが、管理に注意すればかんたんに冬越しできます。気温が下がってくるので、凍害に合わないように水やりは控えめにします。水を減らすことで、植物内の水分量が減り、凍らなくなります。特に寒さに弱い品種は、水やりを完全にやめましょう。葉を落として完全に休眠期に入る品種は、室内で管理し、春になるまで断水して、新芽が出てくるまで待ちます。日中は窓辺などに置いて日の光に当てるようにします。

3 育てるための道具

多肉植物を育てるのに必要な道具は多くはありません。最低でもここに掲載されている道具があれば、育てることができます。また、まったく同じである必要もないので、好みの道具を選ぶのも楽しみのひとつですね。

1 ほうき
作業時に出る細かい土などをはくのに使用。

2 グローブ
サボテンなど棘のある植物を触るときに使用。植え付け時に便利。

3 ピンセット
サボテンを扱うときや枯れ葉を取り除いたりするときに使用。

4 スプーン
小さなスペースに土を入れるときに使用。細かい作業に便利。

5 はさみ
苗や根、茎などを切るときに使用。よく切れる方が細胞を壊しにくい。

6 新聞紙
鉢底網の上に敷く。網の上に敷くことで、細かい土が穴から出るのを防ぐ。

7 鉢底網
鉢底穴から土が出ないように敷く。穴に合わせてカットして使用する。

8 じょうろ
水やりをするときに使用。先が細くなっているのが便利。

9 土入れ
土を入れる道具。サイズがさまざまなので、鉢の大きさに合わせて使用する。

10 土を入れる容器
袋から直接入れるとやりにくいので、大きい容器に入れておくと便利。

4 育てるための土

湿気が苦手で、乾燥が好きな多肉植物を育てる土は、一般的な土より、水はけの良い粒が大きめの土がブレンドされています。ここで紹介するそれぞれを自分好みにブレンドしてももちろん大丈夫ですが、多肉植物専用の土としても市販されています。

多肉植物用の培養土

サボテン・多肉植物全般に使えるようにsolxsol (P.136) でブレンドしている土。赤玉土小粒8、川砂1、くん炭1の配合がベース。粗めの土を多めにして風通しを良く、そして程良く保水性があるように配合している。

※近年は色々なメーカーから多肉植物用の土が販売されています。基本的には、通気性が良い土が多く、鉢底に穴があるタイプの鉢で使用することが望ましいです。使用する際には、配合をよく見てご利用ください。

CULTURE SOIL

赤玉土（中粒）

大きな鉢の場合に、鉢底にごろ土として使用。鉢底に満遍なく敷き詰める。鉢の3〜4分の1ぐらいの量を使用。硬質の赤玉土などもあり、崩れにくく、長く植え替えをしない場合も通気性が保たれる。

RED BALL EARTH

パミス（小粒）

天然の軽石。全体に白い色が美しく、小粒は化粧土の代わりに好みで培養土の上に敷き詰めて使用する。

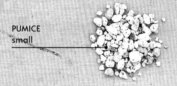

PUMICE small

パミス（中粒）

天然の軽石。鉢底にごろ土として使用する。鉢底に満遍なく敷き詰める。鉢の3〜4分の1ぐらいの量を使用する。赤玉土よりも軽いので、鉢が大きい場合は特に軽くなりおすすめ。また、好みで化粧土としても使用できる。

PUMICE medium

水苔

鉢がとても小さい場合、土では乾きすぎてしまうときに土の代わりになる。しっかりと水を吸わせて、軽く絞り使用する。乾くとカラカラになるので、水やりの際には、鉢ごと水につけて水を吸わせ余分な水を鉢を斜めにして捨てるという方法で行う。

WATER MOSS

JANUARY

1月の多肉

一年の始まり。年始は帰省など家を空ける方も多いですね。
お出かけ前には必ず植物の状態を確認し、置き場所や防寒対策を整えてから出かけるようにしましょう。
寒さのピークを迎えるこの月、品種によっては休眠期と生長期でまったく逆に分かれます。
ご自分の多肉植物がどの種なのかを理解し、その種にあった育て方をしましょう。

夏型種

活 動	休眠期
水やり	20日に1回
肥 料	×

休眠期です。体の大きさに応じて断水し、休ませてあげましょう。寒さが本格的になります。防寒対策はしっかりと行います。

春秋型種

活 動	休眠期
水やり	20日に1回
肥 料	×

しっかりと葉も太り、紅葉も美しく見ごたえのある季節です。零下になる日もあるので、屋外のものは一時的に室内に入れるなど防寒対策を行います。

冬型種

活 動	生長期
水やり	15日に1回
肥 料	×

しっかりと太り愛らしい姿が観賞できる時期です。寒さも本番ですので、室内で管理し防寒しましょう。

育て方 / JANUARY /

室内に入れるときは、箱などにまとめて入れるようにする。保温に布を巻いたりしても良い。

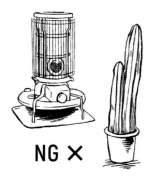

NG ✕

暖房器具で室内の温度をあげるのも効果的。熱風が多肉植物に当たらないように注意。

置き場所

夏型種・春秋型種／気温も下がり休眠期に入ります。寒さに弱い品種は特に防寒対策をしっかりと行いましょう。鉢を箱に入れたり、毛布で包む、エアパッキンで包むなど、温めてあげる工夫を。最低気温が0℃を下回る日も増えてきます。多肉植物は体内に水分を多く蓄えていて、その水分が0℃を下回ってしまうと凍ってしまい、枯れてしまいます。室内の窓辺などでも、窓から近い場所は外気の影響を受けやすいので、夜間は室内の中程に移動するとよいでしょう。暖房器具を使い部屋を温めるとより効果的です。その場合は、温風が直接当たると葉の蒸散が激しく多肉植物の蓄えている水分が不足してしまうので、風が当たらない場所を選びます。

冬型種／生長期ですが、零下になり霜が降りるとダメージを受けます。屋内の日当たりの良い場所に置きます。

水やり

夏型種／12月に引き続き、コーデックスなどの寒さに弱い品種と大きいサイズのサボテンは断水します。小さなサイズの株は少し水を与えます。水を与える際は、比較的暖かい日を選び、日中に行いましょう。

春秋型種／葉にシワが寄ったり枯れこんだりしていなければ水やりをする必要はありません。そのような症状がみられる場合は暖かい日中に土の表面が濡れる程度の少量の水を与えます。ハオルシア属やガステリア属などは、寒さに強いので、断水はせず水やりの回数、量を減らしていきます。

冬型種／生長期ですが水を好まない品種が多いので、水やりの際は土の表面を濡らす程度の少量の水で十分です。

肥料

夏型種・春秋型種・冬型種／特に必要ありません。

病害虫

虫がついた場合は、薬剤などですぐに駆除しましょう。カイガラムシ、ワタムシ、ネジラミなどに注意を。

冬の寄せ植え

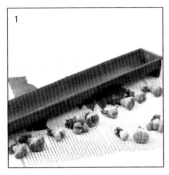
鉢に植える植物の配置をおおまかに決める。

一つ目を指で支え、土を入れて植えていく。

株元がしっかり固定されるように土を入れ込む。

一つ目の隣に二つ目を植えていく。

真ん中まで植えたところ。

最後のリトープスを植える。

全体に土を入れる。

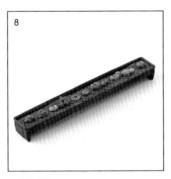
できあがり。

リトープスの寄せ植え

不思議な姿が愛らしいリトープス。窓の模様と色がさまざまで、こうして並べて眺めると、個体差がより際立って楽しい寄せ植えになります。お菓子の型に使われている細長い容器に、等間隔になるように植え込んでいきます。それぞれのリトープスが脱皮し、花を咲かせ楽しませてくれます。

FEBRUARY

2月の多肉

暦の上では立春を迎えても、まだまだ寒い日が続きます。
引き続き防寒対策以外は何もお手入れができない時期ですが、近づいてくる春の足音を聞きながら、
植え替えのイメージをしたり、実際に植え替え用の鉢や土を準備する時間もおすすめです。
春はもうすぐ、あと少し頑張って冬の寒さから守ってあげましょう。

夏型種

活　動	休眠期
水やり	20日に1回
肥　料	×

3月の生長期に向けてコーデックスなどは新葉が出たりと少しずつ動き出してきますが、お手入れは来月まで待ちましょう。

春秋型種

活　動	休眠期
水やり	20日に1回
肥　料	×

春に向けて花芽が出てきます。葉の部分から光を求めて、つくしのように勢いよく伸びてきます。

冬型種

活　動	生長期
水やり	15日に1回
肥　料	×

メセン類は秋から生長を続け、この時期立派な株へと生長しています。また、月の後半から株分けや挿し木などができます。

育て方 / FEBRUARY /

室内の窓辺で日の光に当てながら管理。夜間や雪の日など冷え込むときは部屋の中心に移動させる。

多肉植物は、日の光の方向に伸びていくので、角度がついてきたら鉢を回して調整する。

置き場所

夏型種・春秋型種／三寒四温で暖かい日も出てきますが、油断して1日でも寒さに当たると枯れてしまいます。引き続き屋内管理が安心です。室内の日当たりのよい窓辺で管理しましょう。夜間の冷え込みも注意が必要ですので窓から離してあげるなど置き場所に工夫をします。寒暖差が激しい時期ですが、原産地の砂漠地帯も昼夜の気温差が大きいので植物に影響はありません。また、植物は光の差しこむ方向に育っていく性質があるので、室内管理の場合は特に同じ向きで置いたままですと、株が曲がったり変形してしまいます。定期的に鉢を回してあげて、まんべんなく全方位光が当たるようにすると、形も良く育ちます。

冬型種／生長期ですが、零下になり霜が降りるとダメージを受けます。屋内の日当たりの良い場所に置きます。

水やり

夏型種・春秋型種／休眠期も長くなり、水が不足し痩せた株も心配になりますが、生長期に入る3月から水やりを開始でき、元の姿を取り戻しますので、ぐっと我慢し基本水やりをしません。しかし幼苗やシワが寄って枯れてしまいそうな苗は暖かい日を見つけて少量の水を与えましょう。暖冬で暖かい日が続くようなときは水やりを開始してしまっても大丈夫です。気温の上昇をみて判断していきます。また、マンションや暖房設備が整っている場所など、寒さに当たらない場所でしたら、断水はせず回数を減らして水やりを行います。

冬型種／気温の上昇と共に根の動きが活発になり水を欲します。土の表面も乾きやすくなりますが、乾いたからといってすぐには与えずしっかりと間隔を開けて水を与えましょう。

肥料

夏型種・春秋型種・冬型種／特に必要ありません。

病害虫

虫がついた場合は、薬剤などですぐに駆除しましょう。カイガラムシ、ワタムシ、ネジラミなどに注意を。

切り戻し

株が徒長（ヒョロヒョロと伸びた状態）した様子。

下の葉を数枚残し、茎を切っていく。

鉢全体を切り戻したところ。

新しい葉を出すのにエネルギーがいるので肥料を与える。

（置き肥を与えた場合）水を与え、日当たりと風通しの良い場所で管理する。

切り戻したあとは、写真のようにわき芽が出てくる。

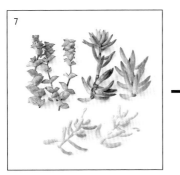
切った株は挿し木（P.049参照）に使用する。

3月のプロセス
挿し木

寄せ植えの切り戻し

間延びすると、先端に向けて先細りし、葉と葉の間が開いてしまいます。これは日照不足で弱った状態なので、ある程度元気なら、切り戻した先端部分は挿し木もできますが、ヒョロヒョロだったり、変色しているような場合は、挿し木をしても根が出ず枯れてしまいます。切り戻した株元の部分は、ある程度元気がなくても根があるため、新芽を出して再生する確率が高いです。また、あまり上の方で切ると、上の部分から新芽が出てしまい、その部分の重みで倒れてしまうこともあります。

MARCH

3月の多肉

桜の開花予報が出され、春が待ち遠しい季節。
長い休眠期を終え、徐々に生長を始める時期です。とはいえ、まだまだ寒暖差があります。
2月同様の急な寒さに備え、引き続き防寒対策をしっかりと行いましょう。
桜が咲いた頃からは気温も安定してくるので、植え替えや挿し木なども行えます。

夏型種

活動	生長期
水やり	15日に1回
肥料	○

長かった冬も終わり。断水していたサボテンなどはこの時期から水やりを開始していきます。植え替えも可能となります。

春秋型種

活動	生長期
水やり	15日に1回
肥料	○

エケベリア属やセダム属などのベンケイソウ科の花が開いて楽しませてくれます。花もいっぺんには咲かずに少しずつ順に咲いていくので長く楽しめます。葉挿し、挿し木が可能な時期。

冬型種

活動	生長期
水やり	30日に1回
肥料	○

リトープス属など脱皮する品種は脱皮の準備が始まる時期。あまり水を多くあげてしまうと二重脱皮をして小さな株になってしまうので注意。水やりは控えめに。植え替えなどが可能になります。

育て方 ／ MARCH ／

光が好きな多肉植物は、真冬以外は屋外管理して、しっかり日の光に当てる。

日陰で管理している多肉植物に水を与えすぎると徒長の原因に。鉢中の湿度に注意する。

置き場所

夏型種・春秋型種／寒さから守るために室内で管理していた植物も徐々に日に当て外での管理ができるようになります。0℃以下になる日は植物が凍結してしまう恐れがあるので必ず室内で管理しましょう。室内管理の場合は、日照の当たる窓辺などに置きます。また、日照が足りない場所で水を多くあげると、徒長の原因になりますので、注意が必要です。特にセダム属などのベンケイソウ科の植物は強光を好むので真冬以外は屋外管理が望ましいです。逆にハオルシア属、ガステリア属、リプサリス属などの強い光を好まない品種は、一年通して屋外ではなく室内の窓辺など、光の差す場所での管理が向いています。

冬型種／屋外の風通しと日当たりの良い場所を好みます。室内管理の場合は、東向きなどのしっかりと光の当たる場所で管理します。

水やり

夏型種／冬の間控えめにしていた水やりの回数を増やしていきます。また、断水を行っていた寒さに弱い品種や、大きな株のものなども水やりを開始できます。真冬に落葉するアローディアやコーデックスなどは、芽吹きをして生長を感じさせますが、いきなりたくさん水やりをせずに、少しずつ量と回数を増やしていきましょう。あげるタイミングは暖かい日の日中に、鉢の中の温度が下がりすぎないように注意して、株元に与えます。

春秋型種／3月に入ると生長が早くなりますので間延びしやすい時期でもあります。しっかりと日照を確保し水やりをすると、徒長が防げます。水が多くても徒長しますので、土の表面が乾いてから1週間ぐらい乾かしてからあげるなど、間隔をしっかりと開けて水やりを。

冬型種／水は鉢の中がしっかりと乾いてから鉢の全体に水が行き渡るぐらいの量を与えます。

肥料

夏型種／サボテンやアガベ属、アロエ属などは植え替えが可能になるので、植え替えの際に元肥を入れます。コーデックスは4月半ばから植え替えが可能です。

春秋型種／植え替えが可能な時期です。植え替えの際に元肥を入れます。

冬型種／植え替えが可能な時期です。植え替えの際に元肥を少量入れます。

病害虫

気温が上がってくると虫が発生しやすくなります。花芽や花にアブラムシがつきやすいです。薬剤を散布し取り除きます。

挿し木

切り戻しで切ったものを挿し木に使用する。

茎が長い株は、葉と葉の間の中央で切る。

長さが切り揃ったところ。

土に挿せるように下葉をとる。

切り口を乾燥させるため、器に入れて立たせ、根が出てくるまで放置する。

P.053を参照して鉢に植え付ける。

空気中で発根させる方法

挿し木の場合、上記のプロセスのように、水のないガラス瓶に挿し、空気中で発根させる方法と、乾いた土に挿す方法と2種類あります。多肉植物は乾燥したときに発根をするので、土に挿す場合も、挿す前に2〜3日程度乾かします。切り口の断面積が大きければ大きいほど、より乾かしてから土に挿します。土に挿す方が、土の中の温度が上がり発根が早かったり、余分な水分の蒸発もなくかんたんに行える傾向もあります。しかし土の中の状態が見えないので、空気中で発根する方が楽という人も。

▬ Column

サボテンの体の中って どうなってるの?

サボテンは多肉植物というカテゴリに含まれる大きな仲間のひとつです。多肉植物とは"葉や茎や根の中に水分を蓄えた植物"という風に定義されています。サボテンもまさにここに入るわけなのですが、何故多肉植物は水分を体内に留めるようになったのでしょうか? これは植物の生育環境に深く関係しています。それが"乾燥"です。乾燥地帯で生息するために必要な水分を保持した結果、葉っぱや茎などに水分を貯めるようになったのです。その最たるものが"サボテン"というわけです。

APRIL

4月の多肉

桜も咲いて春本番。暖かい日が増えて植物にとって一番良い季節の到来です。
苦手な梅雨や夏までに新しい根をしっかりと育てて準備をしたい時期です。
植え替えや水やりをしっかりと行い、育てることを目的とした1ヶ月にしましょう。
根の張った株は暑さ寒さに強く、夏のダメージが少なくすみます。

夏型種

活　動　生長期

水やり　10日に1回

肥　料　○

3月よりも生育が良くなります。水やりをしっかりと行い株を太らせます。株分け・植え替えに適した時期。寒さに弱いユーフォルビア属やコーデックスの植え替えができる時期です。

春秋型種

活　動　生長期

水やり　10日に1回

肥　料　○

植え替えに最適な季節がやってきました。しっかりと根を整理し、新しい根をどんどん出して良い株に生長させます。挿し木・葉挿しに適した時期。

冬型種

活　動　生長期

水やり　20日に1回

肥　料　○

メセン類の脱皮が始まります。水やりを徐々に減らしていきます。植え替えは月の初めに終わらせます。

育て方 / APRIL /

屋外で管理を再開するときは、たっぷり水やりを。こうすることで葉焼け予防になる。

いきなり強い光に当ててしまうと植物の葉などに葉焼けが発生する。一度葉焼けした葉は元に戻らないので注意。

置き場所

夏型種・春秋型種／4月に入ると、0℃以下になる心配がなくなるので、一時的に室内で冬の寒さをしのいでいた植物は屋外に出し、しっかりと日光浴をしていきます。冬の間、あまり室内で光に当てられていない場合、急に外に出すと必ず葉焼けをおこします。曇りの日から出したり、新聞紙や薄紙などで遮光をしながら、徐々に光に慣らしていくことが大切です。また、屋外に出した際に水をしっかりとあげることでも葉焼けを防げます。葉焼けをしてしまった葉は元には戻りませんので、細心の注意を払ってください。室内管理の場合は、そのまま日照の当たる窓辺などで管理を続けます。

冬型種／屋外の風通しと日当たりの良い場所を好みます。室内管理の場合は、東向きなどのしっかりと光の当たる場所で管理します。

水やり

夏型種／湿度が低く気温が上がるこの時期は生長期です。しっかりと水やりを行い生長させます。しかしながら、水分がなくても育つようにタンクを持った植物になったので、水の過多は根腐れの原因にもなります。一定の期間を置いて、水やりを行います。

春秋型種／生長期ですので水やりを行い、生長させましょう。植え替えに適した時期です。植え替えをした株はしっかりと乾かし発根をさせるため、水やりはすぐにせずに、植え替えして1週間ぐらい後、発根してから水やりを開始します。植え替えをした株、そうでないものは、間違って水やりをしないように、分けて管理すると安心です。また発根した葉挿しや挿し木などの繁殖をした小苗は、あまり土を乾かしすぎない方が根がよく生長し、株が大きくなります。

冬型種／水は鉢の中がしっかりと乾いてから鉢の全体に水が行き渡るぐらいの量を与えます。

肥料

夏型種／株を大きくしたい場合は、液肥もあげて大丈夫です。月に1回、液肥を与えると生長も早く、大きな株になります。

春秋型種／植え替えの際に、緩効性肥料を少量、鉢底に入れます。水をあげたときに成分が溶け、生長を促します。

冬型種／植え替えが可能な時期です。植え替えの際に元肥を少量入れます。

病害虫

気温が上がってくると虫が発生しやすくなります。アブラムシやワタムシがついていないかまめにチェックをしましょう。

植え替え（植え付け）

株と鉢の隙間にピンセットを入れて根の先を掴み、鉢の縁にピンセットを当ててこの原理で根鉢ごと引き上げる。

古い土を落とし、根鉢を整理し、古い葉や枯れ葉を取りのぞく。

鉢底穴にあわせてカットした鉢底ネットを敷き、さらにその上に同サイズ程度にカットした新聞紙を敷く。

鉢の1/4の深さまで赤玉土を入れる。

鉢の1/3の深さまで土を入れる。

肥料を入れ、肥料が隠れる程度に土をかぶせる。

株を土の上にのせ、葉に土がかからないように、すきまから土を入れていく。

少し高いところから鉢をトントンと落とし土を安定させる。

植え付け直後は、少し遮光気味の風通しの良い場所で管理し、植え付け1週間後に水を与える。

植え替えのこと

鉢植えは、基本1〜2年に1度の周期で植え替えを行います。鉢が大きければ、3〜5年ほど大丈夫ではありますが、常に植え替えをすることで、根が整理され、新しい根が伸びやすくなり、生長が良くなります。長く植え替えをしないと、土が固まってしまい通気性が悪くなってしまいます。根腐れの原因や、虫がつく原因にもなります。また、サイズ的に問題がなければ、同じ鉢に植え替えをすることも可能です。定期的に植え替えを行い、根を常に清潔な状態にして元気な株に育てましょう。

MAY

5月の多肉

新緑も美しく、植物が一斉に活発に活動を始める時期です。
植物のコンディションがとても良いこの季節を有効に使いましょう。植え替え、挿し木、葉挿しなど、
増やすのに最適な時期です。来月からは梅雨が始まりますので、お手入れはなるべく
今月中に終わらせておくのが良いでしょう。日も徐々に長くなり作業にも力が入ります。

夏型種

活 動	生長期
水やり	10日に1回
肥 料	○

植え替えを行えます。長く植え替えていない鉢などは鉢の中が根でいっぱいになり根詰まりしていることも多いので、植え替えを。挿し木・株分けなどが行えます。

春秋型種

活 動	生長期
水やり	10日に1回
肥 料	○

植え替えに最適な季節です。しっかりと根を整理し植え替えを行います。挿し木・葉挿しにも適した時期。

冬型種

活 動	半休眠期
水やり	20日に1回
肥 料	×

生長が鈍ってきて、半休眠期に入ります。

育て方 / MAY /

ロゼット状の葉が等間隔で上向きに
きれいに生え揃ったエケベリア。

湿度を好む品種には、定期的に葉水
（葉に水をかけること）や水やりを行
う。

置き場所

夏型種・春秋型種／春も本番で、過ごしやすい日が続きます。日
当たりの良い暖かい場所で、しっかりと日光浴をさせます。こ
の時期の光は柔らかく、当ててあげればあげるほど、サボテン
は棘も強くなりますし、エケベリア属などのロゼット状の葉も
しっかりと上を向いて形が整ってきます。また、気温も徐々に
上がってくるので、エケベリア属やセダム属などの紅葉が綺麗
な品種は徐々に色が退色して紅葉が終わります。しっかりと光
を当てていても気温の上昇と共に鮮やかだった色が褪せてきま
すが性質ですので驚かないで。屋内で管理している場合は、生
長も早くなってくるので、しっかりと光の当たる窓辺などに置
き、間延びをさせないように注意していきます。
冬型種／気温の上昇と共に、生長が鈍り、半生長期に入ります。
少し遮光気味で育てます。

水やり

夏型種・春秋型種／4月同様、水やりをしっかりと行い、生長
させましょう。気温も高くなり生長のスピードもより早くなる
ので、徒長しやすくなります。しっかりと光にあてた場所で水
やりを行います。土の表面は乾きやすくなってくる時期ですが、
乾いてもすぐに与えず、一定期間をあけて水やりを行いましょ
う。与える水の量は、鉢底に穴がある場合は穴から水が出てく
るほどたっぷりと、穴がない鉢の場合は鉢の2～3分の1程度の
水を与えます。乾燥している時期ですので、湿度を好むリプサ
リス属やサンセベリア属などは、葉に水をかけてあげたり、水
やりの回数を増やします。
冬型種／休眠期の夏に向けて生長も鈍ってきますので、水やり
を徐々に減らしていきます。シワが寄るなどのサインがあれば、
しっかりと水やりを行い、株を太らせます。

肥料

夏型種・春秋型種／植え替えの際に、緩効性肥料を少量、鉢底
に入れます。水をあげた際に成分が溶け、生長を促します。月
に1回液肥を与えると、生長も早く、大きな株になります。
冬型種／必要ありません。

病害虫

植え替えの際に必ず土をチェックしてください。
ネジラミという白い粉のような虫が付着していることがありま
す。ついている場合はよく取り除き根を洗い、しっかりと乾燥
させてから新しい土で植え替えを行ってください。

葉挿し

なるべくきれいな大きな葉っぱを根元近くから選び、そっと横にずらすような感じでポキっととる（ひっぱらない）。

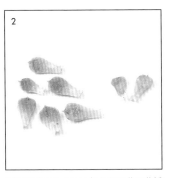

写真右側のような元気のない葉は葉挿しに向かない。

浅い器に土を浅く敷く。このとき肥料は入れない。

葉元から根が出るので、葉を少し離し並べる。

■ Point

土の上に置くだけ

多肉植物が生息している現地では、動物が接触したときに葉が取れ、それが地面に落ちて、繁殖します。触って取れやすい品種は葉挿しがかんたんにできますし、逆に取れない品種は、葉挿しができない品種ということになります。また土には、深く挿さず、乾いた土の上にのせる程度で大丈夫です。根や子供が出てきたら水やりを開始します。

葉1枚から出てくる新芽

多肉植物は葉から子供が出て増える性質があります。種ではなく、葉から小さな葉が出てきて、元の葉から栄養を吸いながら子供の株が育っていきます。小さな小さな姿が、親そっくりのミニチュアなのも心揺さぶられる可愛さです。

■ Column

サボテンって何で葉がないの?

サボテンが普通の植物と大きく違う点として、葉がないこと、茎が丸かったり太い棒状だったりすることが挙げられると思いますが、これは全て乾燥から身を守るためにあります。サボテンと言えばすぐに思い浮かぶ"トゲ"。実はこれが葉なんです。サボテンが乾燥した環境でも生きていくための進化なのです。葉の表面積を減らし、昼夜の気温差により生じる露が葉に留まることなく、直接水分を吸収できる根の生えている地面に落ちることが可能となっています。

JUNE

6月の多肉

梅雨入りをして、雨の日も多くなってくる季節。7月、8月と気温も上がってくると植え替えなど
根を動かす作業ができないので、まだの場合は早めに行うか9月を待ちましょう。
夏型種などは生育が良くなってくる時期でもあります。春秋型種の夏に弱い品種は、枯葉などを
しっかりと取り除き、株元を清潔にしておくことで、風通しも良くなり、害虫からも守れます。

夏型種

活　動	生長期
水やり	15日に1回
肥　料	✕

春に植え替えを行った株は根も落ち着き、安定してくる頃です。

春秋型種

活　動	生長期
水やり	15日に1回
肥　料	✕

湿度が上がってきて、今までしっかりと生長していた株も生長が緩やかになります。水やりも徐々に控えめにして。植え替えなどが行える最後の月です。長雨前までには済ませましょう。

冬型種

活　動	半休眠期
水やり	断水気味に
肥　料	✕

湿気がとても苦手な品種が多いので、雨には当てずになるべく風通し良く、涼しい場所に置き水やりを減らします。

育て方 ／　JUNE　／

風がよく通る場所に置くことが蒸れ
を防ぐコツ。場所がないときはファ
ンなどを使用して。

この時期は雨が多いので、屋外で管
理している多肉植物には直接雨が当
たらないように工夫が必要。

置き場所

夏型種・春秋型種／梅雨に入り、少し湿度が上がってくるこの時期は、風通しが良いことが大事です。屋外の風通しの良い場所がもっとも簡単な置き場所ですが、風通しが良くなく蒸れてしまう場所はファンを使うなどして、蒸れない工夫をします。屋外管理の場合は、長雨に当たらないように、ひさしのある場所に置きます。長雨に当たると徒長し、弱い株になってしまいますし、根腐れをおこしてしまいます。また、雨が続いたり、天気の崩れが多いこの時期は日光不足になりがちです。日光不足となるとヒョロヒョロと葉と葉の間隔が開いて間延びしたり、サボテンの先端部分が退色して変に伸びて徒長してしまったりします。日照が確保できない場合は、植物用の育成ライトなどを使い、日光を補っていきます。室内管理の場合も、育成ライトを使うなど、なるべく光を確保することが大事です。日中、窓を開けられる環境でしたら、窓を開けて通風を良くします。
冬型種／湿度が苦手なので、風通しの良い場所に置き、雨が当たらないようにします。少し遮光気味で育てます。

水やり

夏型種・春秋型種／生長期ではありますが、湿度が上がってきて常に霧吹きをされているような時期ですので、水やりは控えめにします。乾かし気味を意識し、土の表面が乾いてからすぐにあげるのではなく、一定の期間を開けて水やりを行います。特に長雨の最中は日照も足りず間延びしやすく、徒長をします。水やりを控えることで、生長も和らぎ、徒長の予防になります。水や肥料を与えれば与えるほど大きくなり生長が良い時期ですが、この時期にあまり早く生長させると弱い株になり、夏に枯れる原因になります。光がしっかりと確保できる春（3〜5月）に株を大きくしておき、この時期は少し休ませて育てます。
冬型種／湿度が上がり苦手な時期ですので、水やりは必要最低限にします。表面にシワが寄るなどの表情が出たときにのみ水やりを行います。

肥料

夏型種・春秋型種・冬型種／特に必要ありません。

病害虫

風通しが悪いと虫がわきやすくなり、土にカビが生えたりといいことがありません。梅雨の時期はなるべく除湿し、風通しを良く、良い環境づくりをすることで病害虫も防げます。虫がついた場合は、薬剤などですぐに駆除しましょう。

枯れ葉取り

雫石 →

枯れ葉がある状態。

枯れ葉はピンセットでつまみ、株を押さえて、引き抜く。

枯れ葉を取り除いてきれいになったところ。

葉を抜いた分、土が減っているようなら土を足す。

アガベ →

小さな枯れ葉は、根元からハサミで切る。

大きな枯れ葉は、ハサミで中央に切れ目を入れる。

葉元まで、手で左右に割いていく。

葉元まできたら、株元をしっかり押さえ、枯れ葉を引っ張ってとる。

きれいになったところ。葉を抜いた分、土が減っているようなら土を足す。

枯葉をとって常に清潔に

落葉する品種もありますが、しない品種は、葉の世代交代を行います。生長点と離れた箇所の葉が順に枯れていきます。ロゼット状の品種は、下葉から順に枯れていきます。枯葉があることで株元の風通しが悪く、虫がわくこともあるので、枯れ葉は常に取り除き、清潔にしておきます。

JULY

7月の多肉

夏の到来です。しっかりと通風を確保して、夏本番に向けて良い環境を整えていきましょう。
今置いてあるところは大丈夫ですか? 植物の置き場所が屋外の場合は、
コンクリートに直接触れていると熱が鉢に伝わり、鉢の中の温度が上がることで
蒸れた状態となり根を痛める原因となります。置き場所を整えて夏を乗り切りましょう。

夏型種

活　動	生長期
水やり	15日に1回
肥　料	×

梅雨が明け、気温が上がり生長が著しくなり美しい姿となります。花も咲いたり良い季節です。

春秋型種

活　動	半休眠期
水やり	15日に1回
肥　料	×

梅雨が明け、夏日が増えるので葉焼けの心配が出てきます。置き場所に注意しましょう。

冬型種

活　動	休眠期
水やり	断水
肥　料	×

本格的な休眠期に入ります。風通しよく蒸れないように。

育て方 ／　JULY　／

屋外で管理する場合、樹木の日陰や
よしずなどを利用して遮光する。

夏は害虫対策も万全に。除湿と通風
が防ぐコツだが、それでも出る場合
は殺虫剤か見つけたときに捕殺する。

置き場所

夏型種・春秋型種／屋外管理の場合は、梅雨の時期同様に、ひさしのある風通しが良い屋外に引き続き置きますが、この時期の夏の日差しは特別に強く、気温も上がってくるので、遮光をしていきます。直射日光が当たる場所だと日焼けを起こすことが増えてきますので、遮光カーテンやよしずを使用し遮光したり、大きな鉢の陰に置いたりと、鉢の位置などを工夫します。また、気温も上がり、直射日光が直接当たるコンクリートなどはすごい温度になってしまっていることも。その熱が鉢に伝わり、鉢の中の温度が高くなりすぎて根を痛めてしまいます。コンクリートの上に直接置かず、スツールや花台を使います。気温が上がり、梅雨もあけて、気持ちの良い日が続くこともありますが、急に暑くなったりするのでなるべく早めに環境を整えましょう。屋内管理の場合は、引き続き日当たりの良い窓辺などに置き、窓を開けて通風を良くします。

冬型種／気温の上昇と共に、生長が鈍り、休眠期に入ります。遮光し風通しの良い場所に置きます。

水やり

夏型種／気温が上がる日が増えてきます。生長期ですので水を与えますが、鉢の中に残った水は外気の温度に影響されるので、水やりは夕方に気温が下がってきてから行うと良いです。あまり暑い時間帯に行うと、鉢の中の温度が上がりすぎて根を痛めてしまいます。

春秋型種／少しずつ休眠期に向かっていくのと同時に水やりの回数を減らしていきます。この時期は積極的に水やりを行わずに、葉にシワが寄ってから水分を補う程度で水やりを行います。水やりを行う際は、霧吹きなどでする必要はなく、ジョーロで葉にかからないように株元にそっとあげましょう。

冬型種／休眠期ですので、葉の表面にシワが寄ったら水を与えます。その場合、熱帯夜を避け、涼しい夜の日に、土の表面が少し湿る程度に与えます。

肥料

夏型種・春秋型種・冬型種／特に必要ありません。

病害虫

気温が上がってくると虫がつきやすくなります。なるべく通風・除湿して、良い環境づくりをすることで病害虫も防げます。またこの時期からヨトウムシなどの芋虫が発生し、葉を食べられてしまうことがあります。見つけたら駆除しましょう。

夏の寄せ植え

1
鉢底に土を鉢の1/3くらい土を入れる。

2
肥料を入れ、肥料が隠れるくらい土を入れる。

3
メインの多肉の配置をおおまかに決める。

4
白閃小町を植え、その隣に稚児キリンを植え付けていく。

5
紫太陽を手前に植える。

6
隙間に小さい多肉を植え込んでいく。

7
すべて植えたら全体に土を入れる。

8
少し高いところから鉢をトントンと落とし土を安定させる。

9
できあがり。

夏型の品種を集めて寄せ植えしました

性質の近いユーフォルビア属、サボテン科の品種を寄せ植えしました。白と緑色の2色の品種を選び、樹形やサイズを見ながら、バランスよく配置して、夏らしい涼しげな仕上がりに。器選びで印象が決まるので、自分好みの器に植え付けましょう。

使用した品種
・白閃小町
・象牙団扇
・緋花玉
・紅彩ロリカ
・瑠璃晃
・四角ランポー玉
・紫太陽
・稚児キリン

AUGUST

8月の多肉

夏本番です。サボテンは夏のイメージがあり夏向けの植物だと思われがちですが、
実は夏が苦手な品種が多いです。水をいっぱいあげてしまうと蒸れて根腐りをし枯れてしまいます。
水を控え、生長をさせずに休ませる感覚で管理します。
一方でパキポジウム属など近年人気の高いコーデックスは夏に強く綺麗な時期を迎えます。

夏型種

活　動	生長期
水やり	15日に1回
肥　料	×

生長期で生育旺盛です。風通しを良く蒸れないように。

春秋型種

活　動	休眠期
水やり	20日に1回
肥　料	×

蒸れに弱い品種は特に通風を良くし、遮光をし、水やりを減らして休ませます。

冬型種

活　動	休眠期
水やり	断水
肥　料	×

生長期まであと少し。水やりもせず涼しい場所を探して暑さと蒸れから守り、休眠期を乗り越えましょう。

育て方 / AUGUST /

日差しが強いため、天気が良くても無理に日に当てようとせず、あまり動かさない方がよい。

室内管理の場合、冷房器具で温度調節するのも効果的。ただ風が直接当たらないように注意。

置き場所

夏型種・春秋型種／一年の中で一番強い日差しがあり、葉焼けをおこしやすい時期です。7月の置き場所同様、遮光カーテンや扇風機を使用し、日差しと湿度から植物を守りましょう。屋外での置き場所はコンクリートの上に直接置かず、スツールや花台を使います。室内で管理する場合も閉め切った部屋は温度・湿度が上がり、多肉植物にとって最も苦手な環境になってしまいます。窓を開けて通風したり、クーラーで温度・湿度調節を行います。また、その場合、風が直接当たる場所だと、多肉植物の保持している水分の蒸発が早まり、ダメージに繋がるので、クーラーの風が当たらない場所に置いてください。また、普段室内で管理している植物を天気が良いから日光浴をさせてあげようと急に屋外に出す人もいますが、日光に慣れていない植物は必ず火傷をしたようになり、枯れてしまいます。この時期はあまり置き場所を変えずに静かに見守りましょう。

冬型種／完全に休眠期に入ります。遮光し風通しの良い場所に置きます。

水やり

夏型種／暑さに強い品種が大半ですが、湿度が苦手な品種もあります。そういった品種は水やりを控えめにします。水をあげる際には、鉢の中に残った水が外気の温度に影響され熱湯になりやすいので、夕方以降の気温が下がってきてから行います。また受皿に溜まった水は根腐れの原因となるので、その都度捨て、清潔を保ちましょう。

春秋型種／休眠期です。断水気味に。シワが寄ったら熱帯夜を避け、涼しい夜の日に土の表面が少し湿る程度水を与えます。エケベリア属などロゼット状に葉が展開する品種は、上から水をかけてしまうと葉と葉の間に水がたまり、それがレンズのような構造となり光を集め、葉焼けを起こしますので、葉にかからないよう、株元にそっとあげます。葉に水がかかってしまったらティッシュや綿棒で水分を吸い取り除きます。

冬型種／7月同様の管理で。葉の表面にシワが寄ったら水を与えます。

肥料

夏型種・春秋型種・冬型種／特に必要ありません。

病害虫

なるべく通風・除湿して、良い環境づくりをすることで病害虫も防げます。アブラムシ、ワタムシ、ネジラミ、ヨトウムシに注意しましょう。虫がついた場合は、薬剤などですぐに駆除しましょう。

---------------------- / 夏の置き場所 / ----------------------

大きい樹木の木陰がベストポイント

ここまで置き場所についてたくさん書いてきましたが、真夏の置き場所を間違えると、一日で枯れてしまうこともあるので、注意しましょう。直射日光は避け、半日陰になるポイントがベストです。また日本の夏は蒸すので、風通しの良い場所を探します。鉢をコンクリートに直接置いてしまうと、照り返しで葉焼けをおこしてしまうので、スツールや花台などを使用しましょう。密集させて置くのもNGです。葉同士が触れ合わない程度に間隔をあけ、ゆとりを持って置いてあげましょう。

SEPTEMBER

9月の多肉

過酷な暑さから解放され、少しずつ涼しい風を感じられる日も増えてきます。
それでも日中の日差しはまだ強く、湿度も高いので、真夏と同じように
「涼しい場所」「風通し良く」が育てる基本となります。
すべての植物が生長期となり、夏の暑さで弱っていたものも元気を取り戻してきます。

夏型種

活　動	生長期
水やり	10日に1回
肥　料	○

植え替えに適した時期です。根の動きが良い気温の高い時期に行いましょう。

春秋型種

活　動	生長期
水やり	10日に1回
肥　料	○

夏にダメージを受けた株は、切り戻しなどをして整えていきましょう。アエオニウム属は、春の挿し木よりも秋の挿し木の方がよくつきます。この時期に行います。

冬型種

活　動	生長期
水やり	15日に1回
肥　料	○

休眠期を終え、生長期に入るので水やりを開始します。作業としては植え替え、株分けが可能な時期です。

育て方 / SEPTEMBER /

この時期も切り戻し（P.045）のタイミング。夏の間に徒長してしまったら、切り戻しして管理する。

品種によって管理の差が出る季節なので、タグなどをつけて間違えないように管理する。

置き場所

夏型種・春秋型種／夏の暑さも徐々に収まってきますが、まだまだ日差しも強いので8月同様に遮光を続け、涼しい場所で風通しに気をつけます。少しずつ涼しくなり、夜間の気温も下がってきた頃に、遮光を徐々に外していきます。光に慣れていない状態なので、遮光をとるときには、しっかりと水を与え、曇りの日から外すなど、葉焼けを起こさないように注意をしながら行います。少しずつ光に慣らしていき生長期を迎えます。生長するときには光が不足すると徒長をしてしまいますので、光のしっかりと当たる場所にシフトしていきます。室内管理の場合は風通し良い光の当たる窓辺で。夏の時期に徒長してしまった株があったら、この時期に切り戻しをして、水をしっかり与え、少しの期間屋外管理に切り替え再生させても良いです。新しい葉が出てきて元気を取り戻してきます。

冬型種／引き続き遮光気味にし風通しの良い場所に置きます。

水やり

夏型種・春秋型種／夏の暑さ、湿度から守るために水を控えていた品種は、熱帯夜が少なくなり、湿度が下がった頃から水やりを開始していきます。徐々に回数や量を増やしていき、痩せた体に水分を蓄えさせて太らせていきます。また秋の植え替えに適した時期です。植え替えをした株はしっかりと乾かし発根をさせるため、水やりはすぐにせずに、植え替えして1週間ぐらい後、発根してから水やりを開始します。植え替えをした株、そうでないものは、間違って水やりをしないように、分けて管理すると安心です。また発根した葉挿しや挿し木などの繁殖をした小苗は、あまり土を乾かしすぎない方が根がよく生長し、株が大きくなります。

冬型種／月の後半から生長が緩やかに始まりますので、水やりを開始していきます。徐々に量と回数を増やしていきますが、水を好まない品種が大半なので、しっかりと鉢の中が乾いてから行います。

肥料

夏型種・春秋型種／植え替えの際に、緩効性肥料を少量、鉢底に入れます。水をあげた際に成分が溶け、生長を促します。月に1回液肥を与えると、生長も早く、大きな株になります。

冬型種／植え替えが可能な時期です。植え替えの際に元肥を少量入れます。

病害虫

なるべく通風・除湿して、良い環境づくりをすることで病害虫も防げます。アブラムシ、ワタムシ、ネジラミに注意しましょう。

株分け

鉢に対して株がパンパンに育ったら、株分けしよう。

株と鉢の隙間にピンセットを入れて株元を掴み、鉢の縁にピンセットを当ててこの原理で根鉢ごと引き上げる。

鉢から抜いたところ。

根鉢を指で押しながらほぐし、土を落としていく。

繋がっている部分をはずしながら株を分けていく。

株が分けられたところ。

それぞれの株についている枯れ葉を取り、元気な葉だけを残す。

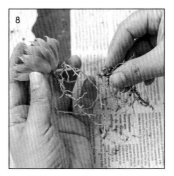

白い根は残し、茶色の古い根や長過ぎる根を取る。

根がきれいになったところ。分けた株は1鉢ずつ植え付ける（P.053参照）。

株分けのこと

子供を横に出して群生していく品種のハオルシア属、エケベリア属、クラッスラ属、センペルビウム属などを中心にこちらの株分けが行えます。群生した姿を楽しむこともできますが、株分けをすることで風通しを良くし、蒸れにくくして環境を整えたり、子株を別の鉢に植えてふやすことも可能です。株分けをする1週間前には断水を始めて鉢の中をしっかりと乾かしてから行います。また、株分けしたら断面を1週間程度乾かしてから水やりを開始します。置き場所は遮光気味で管理してください。

OCTOBER

10月の多肉

秋は深まり、朝晩の空気にはひんやりとした冷たさを感じることもありますが、
気温・湿度共に安定しており、植物にとって過ごしやすい生長期です。
寒さの到来前に秋のお手入れはしっかりと終えましょう。
種によっては紅葉を始める植物もあり、その変化を楽しめます。

夏型種

活　動	生長期
水やり	10日に1回
肥　料	×

気温が下がってくるにつれて、生長が鈍くなります。

春秋型種

活　動	生長期
水やり	10日に1回
肥　料	×

エケベリア属やセダム属などのベンケイソウ科は一日の中で気温差が出てくる10月後半から徐々に色づき紅葉していきます。

冬型種

活　動	生長期
水やり	15日に1回
肥　料	○

植え替え、株分けが可能な時期です。種まきもできます。

育て方 / OCTOBER /

この時期から紅葉が始まる品種も。しっかり日に当てることで色の変化が楽しめる。

室内管理の場合、多肉植物の属性によって遮光度合いを変える。

置き場所

夏型種・春秋型種／日差しも和らいできて、生長期に入りました。しっかりと光が当たる場所に置きます。この時期は光に当ててあげればあげる程、形も色も美しくなりますので、積極的に日光浴をさせます。紅葉が楽しめるエケベリア属・セダム属などのベンケイソウ科の品種は、朝晩の気温差と日照によって鮮やかに色づくので、屋外管理の方が発色にはよく向いています。室内管理の場合は室内の窓辺などしっかりと光の当たる場所に。ハオルシア属、ガステリア属、リプサリス属などの強い光を好まない品種は一年通して屋外ではなく室内の窓辺など、柔らかい光の差す場所で管理しましょう。

冬型種／気温と湿度が下がり、生長が始まり、生長期に入ります。遮光をとり、日当たりの良い場所に置きます。

水やり

夏型種／気温が下がってくるので、頻繁に与えていた水やりを少し控えめにしていきます。一定期間を開けて水やりを行います。気温が下がってきたら日中に水やりをするなど、鉢の温度が下がらない工夫をしていきます。

春秋型種／9月にしっかりと水を吸い、冬の寒さに向け、この時期しっかりと葉が太ります。葉と葉の間隔も詰まり、多肉植物の愛らしい姿へと変身していきます。水を蓄えてしっかりと太った葉になったら、徐々に水やりを減らしていきます。月の後半からは紅葉もしてきます。水が多すぎると、紅葉の発色が悪くなるのと、根腐れの原因にもなるので、回数を徐々に減らしていきます。

冬型種／気温が下がってきますが植物の生長期となります。9月同様に水を与え、体に水分を蓄えさせて太らせていきます。

肥料

夏型種・春秋型種／植え替えの際に、緩効性肥料を少量、鉢底に入れます。水をあげた際に成分が溶け、生長を促します。月に1回液肥を与えると、生長も早く、大きな株になります。

冬型種／植え替えが可能な時期です。植え替えの際に元肥を少量入れます。

病害虫

アブラムシ、ワタムシ、ネジラミに注意しましょう。虫がついた場合は、薬剤などですぐに駆除しましょう。

秋の寄せ植え

鉢底に土を鉢の1/3くらい入れ、肥料を入れる。

土を肥料が隠れる程度入れる。

鉢の縁から1株目（エケベリア）を植えていく。

密接するように隣に植える。根元をもって植える。（エケベリア）

バランスを考え隙間なく植えていく。（セデベリア）

全体に土を入れる。

少し高いところから鉢をトントンと落とし土を安定させる。

最後に、隙間に小さなセダムを挿し込む。

できあがり。

ベンケイソウ科の寄せ植え

紅葉がきれいに楽しめるベンケイソウ科の品種を集めて寄せ植えをしました。生長はしますが、あまり植物の間隔を開けすぎてしまうと、面白くない寄せ植えになってしまうので、近くぎっしりと寄せ植えしました。ベンケイソウ科の植物は根も細根で生長が早いので、定期的な植え替えが必要です。

使用した品種
・女雛　　　　　・紅葉祭り
・ローラ　　　　・スプリングワンダー
・乙女心　　　　・大和美尼
・オーロラ　　　・ミニベル
・樹氷　　　　　・初恋
・ピンクルルビー

NOVEMBER

11月の多肉

秋から冬への移り変わりを実感するほど寒い日が多くなります。
寒さが苦手な植物は、早めに冬支度が必要です。
この時期は、しっかりと紅葉してくる植物や冬型種コノフィツムの開花が見頃で
一年の中でも彩りに溢れて華やかです。

夏型種

活　動	半生長期
水やり	15日に1回
肥　料	×

気温がすっかり下がり、朝晩は特に冷え込んできますので置き場所に注意しましょう。

春秋型種

活　動	生長期
水やり	10日に1回
肥　料	×

紅葉して葉が太り、葉と葉の間も詰まり、しっかりとした株に生長していきます。ハオルシア属などは紅葉しません。

冬型種

活　動	生長期
水やり	15日に1回
肥　料	×

リトープス属のメセン類は、11月いっぱいは種まきに適した時期です。

育て方 / NOVEMBER /

品種によっては落葉を始める。枯れた葉などをそのままにしておくと生長を妨げるので、除去する。

カイガラムシがついてしまったサボテンは、歯ブラシなどで軽くこすり落とす。株を傷つけないように注意。

置き場所

夏型種・春秋型種／朝晩冷え込むことも増えるこの時期は冬支度を始めていきます。屋外で管理していた植物は、急に冷え込む日も出て心配ですので寒さから守るために屋内管理にシフトしていきます。室内の窓辺、日当たりのよい場所に置きます。南向きの窓辺が最適ですが、西日が当たる場所でも可能です。観葉植物は西日が当たると葉焼けを起こしますが、多肉植物は西日のような強光下でも育てることができます。夏型種の中でも寒さに弱い品種は、気温が10℃以下になる場合は必ず屋内で管理しましょう。屋内管理していた植物は、日当たりの良い場所で継続管理しましょう。

冬型種／生長期に入ります。日当たりの良い場所に置きます。寒さには強いので、零下になるまでは屋外管理のままで育てます。

水やり

夏型種／気温が下がってくると休眠期に入りますので水やりの回数や量を減らしていきます。コーデックスは、寒さが厳しくなると落葉します。落葉後10℃以下になる日が出てきたら完全に断水しましょう。サボテン、アガベ属やアロエ属などの比較的寒さに強い品種は断水せず、水やりの回数を減らしていきます。

春秋型種／葉もしっかりと太り紅葉が美しい時期です。太った姿は水をたっぷりと蓄えているサインですので水やりの回数を減らしていきます。水やりが多いと紅葉した色味が褪せてくる原因になります。

冬型種／生長期ですが水を好まない品種が多いので水やりの際は土の表面を濡らす程度の少量の水で十分です。

肥料

夏型種・春秋型種・冬型種／特に必要ありません。

病害虫

虫がついた場合は、薬剤などですぐに駆除しましょう。サボテンが白くなったと思ったらカイガラムシが付着していることがあります。ついた場合は歯ブラシなどでこすり取りましょう。カイガラムシ、ワタムシ、ネジラミなどに注意を。

———————— / 冬の置き場所 / ————————

屋内で管理するときのポイント

冬など、屋内に多肉植物を置いて管理するときは、窓際などしっかりと日が当たる場所を選びます。多肉植物にとって湿気は大敵なので、たまに窓を開けて換気し、風を通してあげましょう。人間の目には明るく見えていたとしても、多肉植物にとって実は足りない、ということもしばしば。日当たりが足りないと徒長して、もやしのようにヒョロヒョロ伸びてしまいます。風通しが悪いと蒸れて、根腐れをおこすことも。このような表情が出てきたら、一旦外に出して日光浴させてあげましょう。

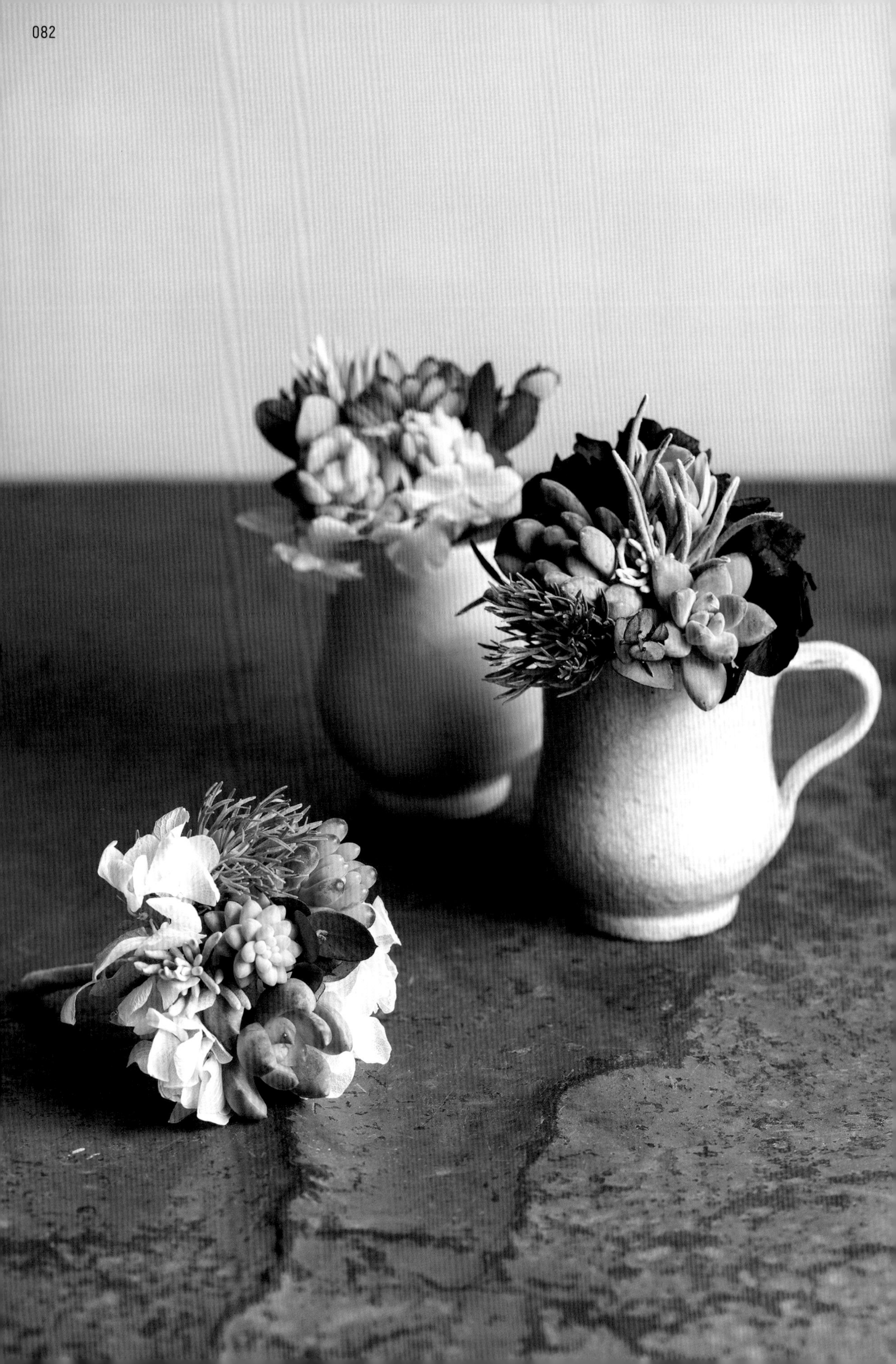

DECEMBER

12月の多肉

本格的な冬の到来。多くの植物が休眠期を迎えます。
その中で冬型種だけは生長期に当たりますが、だからといって
決して寒さに強いわけではありません。
どの植物も上手に冬越しできるように、置き場所や水やりなど工夫をして管理しましょう。

夏型種

活 動　休眠期

水やり　15日に1回

肥 料　×

気温もすっかり下がり、休眠期に入ります。

春秋型種

活 動　休眠期

水やり　15日に1回

肥 料　×

生長は鈍りますが、見事に紅葉した綺麗な姿が楽しめる時期です。

冬型種

活 動　生長期

水やり　15日に1回

肥 料　×

しっかりと太り愛らしい姿が観賞できる時期です。

育て方 / DECEMBER /

寒さに強い品種は屋外でも管理できる。雨や霜に当たらないように軒下や花台の上などに置く。

体の大きさに比例して体内に蓄えられる水の量が多くなる。大きい個体は水やりは控えめに。

置き場所

夏型種・春秋型種／朝晩の冷え込みが強くなり冬本番です。最低気温が0℃以下になる日も出てきますので屋内管理を徹底しましょう。日当たりの良い窓辺が置き場所ですが、カーテン越しですと光が不足してきます。窓とカーテンの間に置くか、日中はカーテンを開けてたっぷりと日に当てましょう。エケベリア属・セダム属など紅葉するベンケイソウ科の植物は、寒暖差により色づくため、5℃以下にならなければ例外として屋外管理もおすすめです。発色が良くなり、美しい姿が楽しめます。雨や霜に当たると、葉に斑点模様が出たり傷がついたりしますので、屋外でも軒下に置きます。

冬型種／生長期ですが、零下になり霜が降りるとダメージを受けます。屋内の日当たりの良い場所に置きます。

水やり

夏型種／コーデックスなどの寒さに弱い品種は、完全に断水します。大きいサイズのサボテンやアガベ属なども断水します。種からまだ1〜2年の幼苗は、断水すると水分が足りず根が枯れてしまい生長期になって水やりを開始しても水を吸わなくなってしまうので、最低限の水やりを行い続けます。体の大きさ＝水を蓄えるタンクと考え、大きいサイズの植物はたくさんの水が蓄えられているので休眠中はまったく水を欲しません。逆に小さいサイズの植物は、蓄えられる水の量が少なく適度な水やりが必要です。

春秋型種／しっかりと太った植物は断水気味にします。葉にシワが寄ってきたら水が不足しているサインですので、暖かい日中に鉢の半分くらいの量の水を与えます。

冬型種／生長期ですが水を好まない品種が多いので、水やりの際は土の表面を濡らす程度の少量の水で十分です。

肥料

夏型種・春秋型種・冬型種／特に必要ありません。

病害虫

虫がついた場合は、薬剤などですぐに駆除しましょう。カイガラムシ、ワタムシ、ネジラミなどに注意を。

多肉のブーケ

ワイヤリングするために多肉の下葉を
とる。

半分に折り曲げたワイヤーの先を葉に
入れる。

折った片方のワイヤーを多肉の茎に巻
きつける。

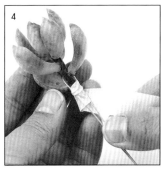

巻きつけたワイヤーにフローラテープ
を巻きつけていく。

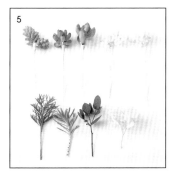

すべての植物に下処理をしたところ。
茎が長いものは下処理の必要はない。

仮に束ねてみて、好みの位置に植物を
配置する。

配置が決まったら、何個か束を分けて
フローラテープを巻いていく。

フローラテープですべての束を巻きつ
け、下まで行ったら折り返して少し戻
り余った部分ははさみでカットする。

できあがり。

ミニブーケをお裾分け

水を欲しない植物だからこそ手軽にできるアレンジ
です。作ったブーケはこのまま水やりせずに3ヶ月
ほど楽しめます。3ヶ月程度経過し、春になってワ
イヤリングを外すと発根している状態です。それを
土に植え込み鉢植えとして育てることができます。

準備するもの
・ワイヤー（#20・半分に切る）
・フローラテープ
・はさみ

・オーレイ
・新玉つづり
・乙女心
・あじさいなどの好みのドライフラワー

二、多肉植物で作る贈り物

多肉植物は葉挿しや挿し木で増やすことができます。上手になれば、増やした多肉植物がさらに増えていきます。育ててみたい品種がたくさんあるので、置き場所がなくて困ってしまうと相談されることも多いです。そうしたときにおすすめなのが、ギフトです。自分が増やした多肉植物を、好きな器に植えておすそ分けしたり。植物のギフトは、枯らしてしまった経験から敬遠する方もいらっしゃいますが、意外と凄く喜んでもらえます。その後多肉が好きになり、多肉仲間としても仲良くなれる可能性だってありますよ。誕生日などの記念日の贈り物にもおすすめです。記念樹のように、あのときにあの方からいただいた、など思い出もプラスされて素敵な贈り物になること間違いありません。

3

多肉植物の育て方Q&A

多肉植物を育てながら、毎日その表情を観察して
いるといろんな変化が見えてきます。今が元気な
のか、そうでないのか。生長の過程で起こる変化
ならよいのですが、実は病気にかかっていたり、体
調不良を表す信号だったりすることも。例えば茎
の根元が透けてくるのは、日照不足や、根腐れの
サインだったりします。いくら性質が強い多肉植
物といっても、生き物には変わりないので、こう
いうサインを見逃すとせっかく大事に育ててきた
多肉植物が枯れてしまいます。ここでは、育てる上
で失敗しがちなことを中心に、Q&A方式でご紹介
します。最近元気がない、とかちょっと様子がお
かしいと感じたら、このQ&Aを見てみてください。

Q.1

多肉植物を買って、自分で鉢に植え替えたのですが、
2〜3日してから葉の色が抜けてグニョグニョしています。
ずっと日当たりの良いデッキにおいてあるのですが
置き場所が悪いのでしょうか?

A.1

葉焼けという"やけど"の状態です。梅雨が明けると日差しがとても強くなるので多肉植物も人と同じように日に焼けてしまいます。一度こうなってしまうと葉が元の状態に戻ることはありません。まずは屋内の窓際など、ガラス越しやカーテン越しの柔らかい日差しのあたる場所に移します。葉焼けしてしまった葉についてはしばらくすると"かさぶた"のような状態になりますが、そのままでも生長には問題ありません。エケベリア属の植物なら、中央から新しい葉が出てくるので、時間はかかりますが、新しい葉の生長と共にまた元のような可愛らしい姿に戻ってくれると思います。またこれに関係する話で、水やりのとき、葉に水がかからないようにし、土に直接あげるようにしてください。葉の間に水が溜まるとそれがレンズのような役割をしてしまい、葉焼けの原因ともなります。もしかかってしまった場合は布等でふき取れば大丈夫です。

サボテンを元気に育てるコツを教えてください。

Q.2

A.2

サボテンには日当たりと風通しが大切です。そして土は通気性と排水性に優れたものが良いです。水やりに関しては、水のあげすぎは良くありません。土が湿った状態が続くと枯れてしまう原因となりますので、サボテンのヒダの部分が細くシワシワになってきたら、水をあげる合図です。その際には鉢の中の土全体が湿るくらいたっぷり水をあげるようにしてください。

Q.3

小さな鉢で買った多肉植物ですが、
5年たって大きく生長し
伸び放題です。
もう少し大きな鉢に
植え替えることは考えていますが、
あまり全体を大きくせずに
形を整えるには
どのようにしたらいいでしょうか？

A.3

鉢からはみ出している部分を全て剪定して、別の鉢に挿し木すれば、切った枝がまた増えていきます。挿し木は、切った部分をそのまま土に挿すだけなのですが、そのとき土は乾燥させた状態で、1週間ほど水を控えましょう。なお、剪定は夏でも可能ですが、挿し木は秋になってからの方がかんたんなので、秋を待ち、まとめて行うようにしましょう。また、剪定した元の株についても、秋になったら植え替えをしてあげた方が良いです。鉢の中がすでに根でいっぱいになっていると思うので、根をきれいに整理して新しい土で植え替えをしてあげてください。根は土からほぐし、半分くらいの長さにカットします。そのとき、鉢は同じものでも大丈夫ですが、土は新しいものを使いましょう。大きな鉢、大きな鉢と、どんどん植え替えると、大きく生長してしまい、可愛さが減ってしまいます。小さくコンパクトに楽しみたいなら、なるべく植え替えを控え（5年ぐらいが限界です）剪定していただき、コンパクトにまとめるとよいでしょう。多肉植物は生命力が強くどんどん増やすことができるので、お好きな鉢に挿し木をしてアレンジを楽しんだり、お友達へプレゼントしてみたり等々、楽しみ方も広がると思います。ぜひお楽しみください。

植物を購入後、植え替えて
順調に育っているのですが、
どのくらいの高さまで
伸びていいものなのでしょうか？
あんまり伸びるのは
良くないものでしょうか？

Q.4

A.4

種類によって伸びて問題ない種類と、間延びしてしまっている状態があります。どちらの状態なのかを見定めて、お手入れして頂く必要があります。伸びすぎてバランスが悪くなったら、思い切って下の葉を3枚ほど残して切り戻してしまいます。そのまま自然に伸ばしていく形でももちろん、大丈夫です。すくすく元気に育っているのでしたら、問題ないのですが、少し痩せて、ヒョロヒョロになっているようでしたら間延びも考えられます。

Q.5

葉が虫に食われたようになり、
そこが広がり枯れて
折れてしまうのですが、
何が原因でしょうか？
梅雨の時期なので水をあまり
やらないようにしているのですが、
そうするとやせて枯れてきてしまい、
心配です。
対処法を教えてください。

A.5

多肉植物にもいくつか害虫がおり、葉の裏などをのぞくと、小さい白い虫がいたりします（夜盗虫（ヨトウムシ）という夜にしか姿を見せない幼虫もいます）。いずれの場合でも以下の方法を試してみてください。

●酢を使った駆除方法

酢をおよそ10倍くらいの水で薄めたものを霧吹きで吹きかけてあげます。殺虫剤と比べ即効性がないので、数回試す必要がありますが、市販の殺虫剤と違い、ペットや子供のいる家庭でも安心して使用できます。またこの方法は、植物を強くしてくれるという説もあります。害どころか、益ですので、毎日あげても大丈夫ですが、3日に1度くらいで十分かと思います。虫に食われている場所を重点的に葉に直接かけてあげましょう。その後、虫くい葉が増えていなければ退治できたと思われます。食われてしまった葉は、残念ながら再生することはないので、気になるようなら取り除きますが、そのままでも大丈夫です。

Q.6

下の方から
しぼみ始めているのですが、
どうしたらいいでしょうか？
これは取り除いた方が
いいですか？

A.6

セダムの乙女心など、下の葉が枯れて上へ上へ伸びて生長するタイプは、下の葉が枯れていく状態は正常です。湿度が高い季節は枯葉が腐って虫がわいたりと不衛生になりますので、取り除いてあげましょう。乙女心は、夏の蒸し暑さが苦手ですので、真夏はなるべく風通しの良い涼しい場所で管理して頂き、水は控えてあげてください。その他に同じように生長する種類はセダム属、アエオニウム属などです。

葉がどんどん出てくるのですが、どれも短くて大きくなりません。
長い葉は、購入した当時の葉で、私が育て始めてから
出てきた葉はどれも短いです。
どうすれば、大きくなるのですか?

Q.7

A.7

こういった現象がおこる場合、虫がついているときが多いです。植物の葉と葉が重なった部分に隠れている白い虫が確認できませんでしょうか? もし白い虫を見つけた場合はようじなどで虫を潰して取り除き、通常の管理をしてあげれば徐々に葉が大きくなってきます。他に考えられることは、水のあげ方ではないかと思います。多肉植物の体の90パーセント以上は水で構成されています。霧吹きなどの水だと、すぐに蒸発していまい十分な水を吸収できないので、ほとんど水の補給という意味では効果はありません。多肉植物の水やりはメリハリが大事です。水をあげるときにはたっぷりと。多肉植物が普段蓄えている水を補給してあげます。その蓄えた水で生きています。

※水をあげるときは、植えられている土全体が湿るくらいの水をあげます。鉢底に穴がない場合に水をあげすぎてしまった場合は、鉢をゆっくり横に傾けて余分な水を捨ててあげてください。

Q.8

白い綿のようなものが
多肉植物についています。
これって何ですか?

A.8

ほこりでなければ、虫の可能性があります。ワタムシと呼ばれている、アブラムシのような虫です。そのままにしておくと、養分を吸われて枯れてしまいます。殺虫剤などを使って駆除するか、こまめに観察してようじなどの棒で一匹一匹駆除してあげます。

A.9

光が不足すると日の当たる面積を増やそうとしてこういう状態になります。また、葉の色が少し色素が抜けた状態になるのも日光不足による変化と思われます。今後のケアとしては、もう少し日の当たる場所へ移動してあげることが必要です。そのとき注意することとして、急に強い光に当ててしまうと植物も葉の表面が日焼けしてしまい、カサブタのような状態になってしまいます。残念ながらその傷は再生しません。ですので、まずは曇りの日から窓辺に置いてあげるようにします。日に慣れてきたら直射日光に当てても大丈夫です。また部屋の中で育てるときには、定期的に外で日光浴をさせてあげるととても長持ちします。日が不足しているところで育てる場合は、水を与える量を極力減らしてあげることで日光不足による徒長（茎が伸びてしまうこと）も比較的防ぐことができます。水やりの目安として、葉に水気がなくなり痩せてきたら、水を与えてあげてください。

南側のリビングに置いていますが、
日光には直接当てておらず、
まだ水もあげていません。
最近、葉が開いてきてしまい、 **Q.9**
中心部が少し伸びてきました。
購入時とは雰囲気が
だいぶ変わってしまい、
心配しています。大丈夫でしょうか。

Q.10 多肉植物がヒョロヒョロ
伸びてきてしまいました。
どうしてですか?

A.10 日光不足です。光がない場所で育つと、もやしのようになってしまいます。そうなってしまった部分は再び太ることはありません。思いきって、下から4cmぐらいを残して切ってしまいます。すると、その部分から新芽が出てきますので、それを育てていきます。再度同じ場所で育てても、新芽も同じように、もやしになってしまうので、以前よりも日の当たる場所で育てるか、少なくとも週に1度、外で日光浴をさせてあげてください。

Q.11 多肉植物は光がなくても育ちますか?

A.11

光がないと育つことができません。良く日に当てて育てることが、一番かんたんに上手に育てるコツです。しかし、室内に飾る場合には、どうしても日光が不足がちになってしまいます。週に2〜3日は窓辺など光の当たる場所に置いて、十分な日光浴をさせればOKです。

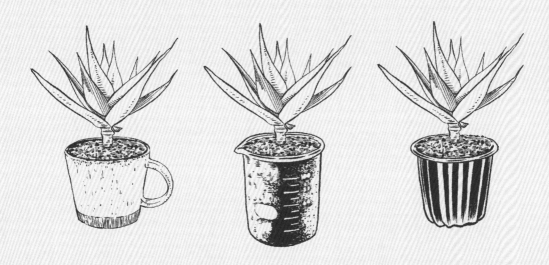

Q.12 自分で器を選びたいのですが、注意するべき点はありますか?

A.12

多肉植物を植える器は植木鉢にこだわらず、陶器、アルミ、スチール、ガラスなど、好きなものに植えることができます。こういうものに鉢底穴はありません。ただ、多肉植物は「蒸れ」に弱い植物ですので、鉢底穴が開いていると、余計な水が出る、空気が通りやすい、など育てやすいといえます。ですが、逆に水の管理がしっかりとできれば鉢底穴のない器でも大丈夫です。インテリアとしてお部屋で育てるのであれば、鉢底穴がないと土や水でお部屋が汚れることもなく、気軽に育てられるという利点もあります。よく日に当てて、風通しの良い場所で、蒸れないよう乾燥気味に育てて頂ければ元気に育ってくれます。水は控えめに、植物の葉をよく見て、少ししなっとしてきたら水の合図と思ってください。また、器の深さにつきましては浅めのものをおすすめします。湿った土が器にある状態が好ましくありません。器が深い場合、多肉植物の根が底の方まで届かず水分が根に吸収されることなく湿ったままになってしまいます。こうなってしまうと根腐れといって、根から腐って枯れてしまう可能性があります。ただし、あまり鉢が浅すぎると植物を植え込んだ後に安定感がなくなってしまうこともあるので、一概に浅ければ良いということでもありません。ここは植物に応じて変わってくる部分なので、植えたい植物を見ながら選んでみてください。また、もし植え替えをするのであれば春か秋に行いましょう。暑い季節に行う場合は涼しい日を選び、根をよく乾燥させてあげてから行ってください。水は植え替え後、数日経ってから、涼しい夜を選んであげます。

多肉植物を初めて育てたいと
思っているのですが、
育てたい環境がまったく
日差しの当たらない室内です。
この場合、育てることは
可能なのでしょうか？

Q.13

A.13

多肉植物は太陽が大好きな植物です。そして
当然のことながら、多肉植物にとって一番嬉
しいのは日のたくさん当たるところに置いて
もらうことです。ですが、日当たりが悪い、日
の当たらない場所でも多肉植物を楽しみたい
という人は多いと思います。ずっと日が当た
らないようなところでは、多肉植物は生きて
いくことができません。そのため、以下のよ
うな育て方を提案するので参考にしていただ
けたらと思います。
●ずっと日の当たらないところに置いておく
のではなく、1日おきに日が当たる場所に置
いてあげる。
●平日の5日間はデスクに置いて、お休みの間
だけ日の当たる場所へ置いてあげる。
●植物を少なくとも2つ用意して、ローテーシ
ョンさせて日に当ててあげる。

Q.14

葉の根元から細く白い根っこのようなものが出てきました。
購入して1週間が経ちましたが、水はまだあげていません。
これはなんですか？

A.14

葉の根っこから出ている白いものの正体は「気根」というものです。植物の体を支えるた
めのものですので心配はありません。ただ見た目にあまり好ましくないということであれ
ば、手で取り除いて頂いても、植物に害はありません。空気中の湿度が高く、鉢の中の湿
度が低い状況だと気根が出やすくなります。空気中の水分を求めて出すことも、5〜6月頃
によくあります。

Q.15

水苔ってどういうときに
使うものなのですか?
また水苔に植え替えた場合の
水やりは、土に植え替えたときと
同じ管理で良いですか?

A.15

水苔の使い方は植物によってもさまざまですが、多肉植物の場合は乾燥した水苔を使うことで根が安定し、小さな器に植えて楽しむことができるのでそういう場合に使うことが多いです。基本的には土と同じような管理と思って大丈夫です。ただ、常に湿らせた状態は避けます（土と同様、根腐れの危険があります）。逆に苔がカラカラの状態になるのは大丈夫です。水やりの頻度は、水苔の保水力の関係で、土より若干多めにします。水を欲しているときは葉がしなっとしてきますので、植物の様子を見ながら与えるのが、わかりやすいかと思います。

Q.16 冬になったら枯れてしまいますか?

A.16

環境さえ整っていれば枯れることはあまりありません。冬は室内に入れてあげれば大丈夫です。霜に当たる前に室内に入れましょう。水もかなり乾きめにすると良いでしょう。水やりの頻度としては、大きなものは、家に入れた日にたっぷりあげて、外に出すまでは全くあげなくて大丈夫です。小さなものは、葉の様子を見ながら、萎れてきたらあげるようにします。地植えの多肉植物を越冬させる場合は、まず植える前に寒さに強いものを選ぶ必要があります。もし寒さに弱い多肉植物を地植えしてしまっている場合は、根を傷つけないように掘りおこし鉢植えにして室内に取り込みましょう。

ハオルシア

Q.17 ハオルシアの根がなくなってしまいました！どうしたら良いですか？

A.17

下の葉をいくつか取り除き、挿し木を行います。ハオルシアの本体の下部分から1cm埋まるくらいの土に挿します。そして1週間ぐらいあけてから水やりを行います。小さな根が茎に出ていたら、挿してからすぐに水やりを行い、通常の管理をします。根がしっかりとするまでは、葉にシワが寄りますが、根がしっかりとして水を吸えるようになれば、葉のシワも戻ってきます。

サボテン

Q.18 オプンチアを育てているのですが、真ん中のいちばん小さい芽が黄緑色になってしまいました。

A.18

同じ場所からたくさん子供が出てきているため、栄養が行き渡っていないのではないかと思います。生長期（春or秋）まで待って、大きい子を親からカットして離してあげると、黄緑色になってしまった子にも栄養が行きはじめます。黄緑色の子供の体力が持つか心配なところではありますが、しばらく待ってみてください。

リトープス

Q.19 リトープスを育てています。葉が左右に開いてきてしまったのですが…。

A.19

日照不足のようです。他の多肉植物と一緒でリトープスも日照不足で葉が開いてしまいます。品種によって開きにくい、開きづらいがあるようなのですが、特にぱっくり口をあけている品種は開きやすいようです。また、水やりが少し多いようです。これ以上水をあげてしまいますと、破裂を起こしてしまいますのでご注意ください。

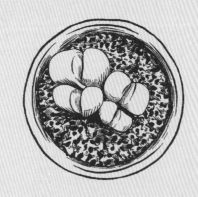

/ CHAPTER /

4

多肉植物を飾るイメージ

多肉植物は室内でもかんたんに育てられることか
ら、インテリアグリーンとしても活躍してくれま
す。また器も自由に選べるので、お部屋の雰囲気
に合わせて飾ることもできます。とはいえ、多肉
植物にも得意・不得意があるので、飾る場所には
注意が必要です。このCHAPTERでは、多肉植物
が育つことができて、さらに映える環境とその特
性を活かした植え方を紹介しています。例えば、全
般に湿気に弱いとされる多肉植物ですが、中には
強い品種もあります。そういうものをバスルーム
やキッチンなどの水場に飾ってみたり、ツル性の
品種はその生長の過程を楽しめるように、スツー
ルの上やハンギングにして楽しんでみましょう。

1 | LIVING STYLING
リビング・スタイリング

シンプルなインテリアに植物をプラスすることで、彩りが加えられ居心地の良い空間に。ものではない、生き物という存在感。温かみがあり、生長していくことで変化が生まれ、飽きがこないインテリアのアクセントになります。

花芽が高く伸びて先端のみに花をつけるアロエ。アロエ属は丈夫で、比較的弱い光でも育てられるので室内にも向く。
品種名：ラエータ

テーブルの上に置く場合は切り花感覚で楽しむのもよい。日照を確保できない場合はこまめな移動が必要。
品種名（左から）：小人の帽子、カルメナエ、カルメナエ（白棘）

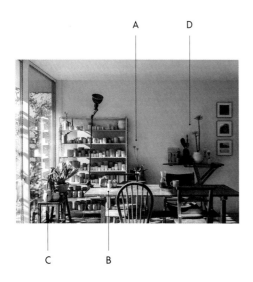

日照が確保できる窓際が生育には良い条件。フローリングに直接置かずにスツールを使うことで存在感が出る。
品種名（左から）：怪魔玉、金紐

D

ヴィンテージのアイロン台に大小いくつかを並べて飾る。多肉植物だけでは
なく、雑貨やキャンドルなど他の素材と一緒に飾るとコーナーが作りやすい。
品種名（左から）：紅小町、バーバンク、イントリカータ、モンキーツリー

着生種なので、こういったハン
ギングにも向いている。小さな
苔玉だと、重さも気にならない。
品種名：青柳

2 | HANGING
吊るす

蔓性の植物は、苔玉やマクラメを使いハンギング
にすると自然に蔓を伸ばし、造形が美しく映えま
す。壁掛け用の器もあるので、そういうものを使
うとなお面白い。室内では、比較的弱い光でも育
てられる品種を使うと手軽に楽しめます。

壁掛け用の器にサンセベリアや
ホヤ、リプサリスを寄せ植えし
たもの。黒い器に、緑色の植物
が映える。ホヤは蔓性で冬の寒
さ弱く室内向け。蔓の動きが絵
になる壁掛け。
品種名（左から）：メセンブリア
ンテモイデス、ザンパレス、ス
タッキー、ピロバータ、レツーサ

白いサボテンと白いオブジェを飾った白の世界。夏の暑い時期は、窓を開けて通風を。
品種名（左上から）：幻楽、満月、幻楽、紅小町、幻楽、月宮殿、銀手毬、幻楽

3 | WINDOW SIDE

窓辺

日光が大好きな多肉植物にとって室内で飾る際に
大事なのが、日の入り方。日当たりの良い窓辺は
多肉にとって最高の場所です。観葉植物は西日が
差す場所は葉焼けをしてしまい育てるのが難しい
ですが、多肉植物は大丈夫です。

窓際のサッシの上に、いくつも違った形のものを横一列に
並べるとそれぞれの姿が際立って楽しい窓際に。カーテン
を閉める場合には、内側ではなく、多肉が外側にくるように。
品種名（左から）：小人の帽子、ゴーラム、永楽、緑の卵、
プロテア、ランポー玉

小さな窓辺には、いくつかの種
類が入った寄せ植えもおすすめ。
光に向けて多肉が曲がっていく
ので、鉢を回し、両方から光を
当てるように。
品種名（左から）：象牙団扇、紅
彩閣、金手毬、秋麗、瑠璃晃、湘
南丸、金鯱

4 | BATHROOM

バスルーム

プライベートな空間なので、視線を避けるために
曇りガラスが使ってあったり、光が入らない場所
が多いバスルーム。さらに湿度の変動が激しい場
所です。光が好きな多肉植物を置くとたちまち弱
ってしまいますので環境に合った品種を飾るよう
にします。

渋い品種でも、インテリアに合わせた綺麗な器を選ぶと素敵に。小物を選ぶように器にもこだわって。
品種名（左から）：シルバーニンフ、スノーホワイト、十二の巻

湿度が高く弱い光でも育てられるハオルシアとサンセベリアがおすすめ。性質がとても強く育てやすい。
品種名（左から）：ファンウッドパンク、十二の巻

A

5 | FAVORITE POTS
お気に入りの器

多肉植物が元気なことが可愛さの一番のポイント
ですが、植えてある器も大事です。人間の洋服と
同じように、サイズ、色味など好みのもので、似
合うものを見つけてあげると、よりお気に入りの
1鉢になると思います。

D

A リキュールグラスにハオルシアを。
ガラス越しで見るハオルシアの透明感
が美しい。
品種名：グリーンオブツーサ

B 片手鍋にサボテンの寄せ植え。底が
抜けてしまった鍋などをリサイクルし
て。大小植えると絵になる。
品種名：老楽、月宮殿、幻楽、牡丹玉

C 小さなお菓子容器に小さな苗を2つ
ずつ。お皿にのせて飾ると絵になる。
これはカヌレの型。
品種名：金手毬、猩々丸、太陽、紅彩
閣、女雛、老楽

B

C

E

F

D 少し欠けてしまったお気に入りのマ
グなど、食器としては使用が難しいも
のは植木鉢に最適。
品種名：ライラックミスト

E 工場で使われていた引き出し。植木
鉢ではない面白い1鉢に。植木鉢を探
さなくても身近にいい器となるものがあ
るかも。
品種名：ベイポルティティー、アルバ、
水滴、中納言

F イギリスのマーマレードジャーの色味、
質感がとても多肉植物に合う。寸胴で
どんなサイズの多肉とも相性が良い。
品種名：紅彩ロリカ、モナカンタ

6 | STOOLS
スツール

多肉植物は小さなサイズのものが多く、床に直接
置くと目立たないものが多いので、椅子や机など
に置くことで、より素敵に演出できます。また極
端な寒さや暑さを防ぐことができるという利点も。

蔓性の大きな植物を椅子に置
いた1コーナー。自由に伸び
ていく樹形が楽しめる。
品種名：グリーンドラム

昔の事務椅子と樹形が印象的な
植物の組み合わせ。小さな鉢植
えでもスツールと合わせること
で存在感が出る。
品種名：砂漠の薔薇

机に小さな鉢をいくつも置くこ
とで、水やりも簡単。お世話道
具も一緒にディスプレイすると
ひとつのコーナーの出来上がり。
品種名：小人の帽子、白星、紅
彩閣セッカ、ラウシー

7 | BOOK SHELFS

本棚

本棚など、低めの棚があったら本やドライフラワ
ーと一緒に、いくつもの違った器を並べてコーナ
ーに。本と並んだ姿が絵になる植物です。環境に
合う植物を選びます。

弱い光の場所にはハオルシアを。
透明感のある植物がキラキラと
美しい。
品種名（左から）：雫石、ディー
プパープル

本棚の上の日当たりの良い場所
に樹形の面白い植物をいくつも
並べて。
品種名（左から）：トナカイ角、
仙女の舞、ラクティア錦セッカ、
菊水、松笠団扇、ウィリゼア、ハ
オルシア交配種、ラブラノス、パ
ープレクサ

長椅子の上にいくつかを並べて
コーナーを。コンクリートから
直接暑さが伝わらず真夏に良い。
品種名（左から）：吉祥冠錦、雷
神閣セッカ、紅太鼓、ラウリン
ゼ、リラシナ交配種、仙人の舞

8 | OUT SIDE
屋外

多肉植物は光を好むので、屋外でももちろん育て
られます。雨が当たらない軒下が良いでしょう。
真冬は寒さから守るために一時的に室内に入れる
と安心です。また、真夏の直射日光だと葉焼けを
してしまう品種もあるので、よしずなどで遮光を
したりする必要があります。

庭のガーデンテーブルに小さな寄せ植えを。寒い時期以外はずっと出したままでも大丈夫。
品種名（左から）：アドルフィーファイヤーストーム、虹の玉、乙女心

小さな棚に育成中のプラ鉢を並べて。プラスチックの小さな鉢は軽く飛ばされやすいので集合させて置くと飛ばされることもなく、まとめて水やりができて便利。
品種名：（上段）アメリカーナ、雷神（下段）銀揃え、新玉つづり、ワーテルメイエリ、アメリカーナ

柱サボテンとアロエを他の植物と組み合わせた植栽。他の植物と組み合わせたことにより個性的な
存在感が光る。寒い時期はギリギリで生きていて休みますが、暖かい時期はぐんぐん生長する。
品種名（左から）：ヤマカル柱、木立アロエ、ベラ

9 | LOCAL PLANTING
地植え

地植えは生長も早く、ダイナミックに育つのでスペースさえ確保できればおすすめです。雨や霜を避けるように屋根をつけてあれば安心。零下になると凍ってしまい枯れてしまう品種が多いのですが、中には寒さに強い品種もあります。

三、多肉植物ならではの世界感

花瓶のように、花を活けて花が枯れるまで楽しむものではなく、一年中飾れるのが多肉植物なので、器にもこだわりたいところです。本来、植物は鉢底に穴があり、鉢の中を通るように水やりをするというのが基本ですが、土のブレンドを工夫し、ある程度の保水性と蒸れないような水やりを行うことで、鉢底に穴がない器でも育てられます。そうすると、器のバリエーションが増え、楽しみが無限に広がります。器との組み合わせで多肉植物の見え方も変わるほど、器は重要です。植える器と植物の高さのバランス、ボリュームのバランス、色のバランスなどを楽しみながら、より自分の好みの一鉢に仕上げてください。そうすることで愛着も湧き、愛でる楽しみが溢れる一鉢になります。

/ CHAPTER /

5

多肉植物図鑑

珍奇植物の代表ともいえる多肉植物。摩訶不思議なその草姿から、趣味人からコアなコレクターまで幅広いファンに愛されています。このCHAPTERでは、たくさんの品種の中から、sol x sol（P.136）の松山氏が厳選した多肉植物を14種類紹介します。肉眼では確認できないような特徴だったり、普段見る角度ではないところを写していたり、松山氏の目線でその個体の魅力に迫りました。力強い生命力を感じるサボテンや独特な広がり方を見せるハオルシア、肉厚なふっくらとした多肉植物らしい葉を見せるセダムなど、品種によって全く異なる草姿が楽しめる多肉植物。見れば見るほど違った発見があるのも魅力のひとつです。

EUPHORBIA PLATYCLADA

プラティクラダ

トウダイグサ科　ユーフォルビア属
全長：250mm

赤茶色の肌と血管が浮き出たような毒々しい佇まい。
平べったい茎がいくつも分岐して生長していく。茎の
先端には、小さな花が咲く。乾いたマットな質感でユ
ーフォルビア属の中でもかなりの個性派。

NAVAJOA PEEBLESIANA V.FICKEISENII

斑鳩

サボテン科　ナバホア属
全長：200mm

サボテンの中でも原産地がかなり過酷な環境のため、育
てるのが難しく、難物として扱われている。生長はと
ても遅く、接木の状態でないと育たないぐらい。枯れ
枝のような棘が生え、群生していく。

ESPOSTOA MELANOSTELE

幻楽

サボテン科　エスポストア属
全長：80mm

柱状のサボテンに、まるで雲のような産毛を全体に纏い上へと生長していく。ふわふわの産毛は神秘的で見る人を引きつける。大きく生長すると下の方の棘はやや茶色く変色し、上部に赤い花をつける。

KALANCHOE ERIOPHYLLA

福兎耳

ベンケイソウ科 カランコエ属
全長：40mm

ふわふわの産毛を纏った白い兎の耳を連想する姿が特
徴。カランコエ属の中で最も白く美しい。葉の先端部分
を星といい、そこが茶色く色づき、アクセントに。夏の
蒸れに弱いので、夏は風通し良くし休ませると良い。

MAMMILLARIA PILCAYENSIS

芳泉丸

サボテン科　マミラリア属
全長：90mm

棘座から細い棘をいくつも出し、美しい球体に生長する。アイボリーの棘が温かみをプラスし、まるで後光が差しているかのような神々しさ。棘の中から春には赤い花をいくつも咲かせて楽しませてくれる。

OPUNTIA MICRODASYS

金鳥帽子

サボテン科　オプンチア属
全長：110mm

深い緑色と鮮やかな金色の棘とのコントラストが美し
い。棘座から無数の短い棘を出し、それがドットの柄
となる。短い棘は付着する性質があるので、扱いには
注意が必要。楕円の茎を連ねて生長していく。

ALOE 'FLAMINGO'

フラミンゴ

ツルボラン亜科　アロエ属
全長：80mm

アロエの華やかな交配種のひとつ。フラミンゴの名前
の通り、鮮やかなピンク色が美しい品種。突起の造形
が面白く、近年では、様々な肌色の交配種が作出され
ている。性質も強く育てやすい。

SANSEVIERIA 'LAVRANOS 23319 RORIDA'

ロリダ

キジカクシ科　サンセベリア属
全長：70mm

サンセベリア属の中でもとても生長が遅く、希少価値
のある品種。しっかりと肉厚で乾いた質感の葉を2方
向のみに、扇のように展開していく。縁のシルバーの
ラインがよりその造形を美しく見せる。

HAWORTHIA 'SHIRAYUKI EMAKI'

白雪絵巻

ツルボラン科　ハオルシア属
全長：30mm

葉脈の緑色の上に白い産毛を纏った、静かな佇まいの
ハオルシア。緑色の肌が見えない程、白い産毛がびっ
しりと密集して生えるのが特徴。ハオルシアの交配種
が人気の昨今、白いハオルシアとして人気がある。

EPITHELANTHA BOKEI

小人の帽子

サボテン科　エピテランサ属
全長：40mm

キノコを連想する、神秘的なサボテン。白い小さな棘
が棘座にびっしりとつき、全体を覆う。生長はとても
遅く、大きく育てるにはかなりの年数が必要だが、仔
吹きして群生していく姿は見もの。

EUPHORBIA OBESA

オベサ

トウダイグサ科　ユーフォルビア属
全長：40mm

ユーフォルビア属では珍しく球体。先端部分に花を咲か
せては枯れてを繰り返し球体が大きく生長する。年輪の
ように、花が咲いた跡が残っていき、それも模様となる
のが面白い。肌の横縞模様も美しく、人気の高い品種。

PLEIOSPILOS NELII

帝玉

ハマミズナ科　プレイオスピロス属
全長：40mm

球体の中心に切れ目が入り、その中心から十字方向に
葉を展開し生長する。表面にはドットの柄があり、冬の
時期には全体に紫色がかかりより美しくなる。春先には
オレンジ色のタンポポのような花を咲かせる。

SEDUM FURFURACEUM

玉蓮

ベンケイソウ科　セダム属

全長：50mm

セダム属の中でも小型種で、とても生長の遅い品種。
冬の紅葉時には、チョコレート色に変化し、暖かい時
期には緑色になる。またうっすら粉をまとったような
白い模様も特徴のひとつ。

CONOPHYTUM URSPRUNGIANUM

ウルスプルンギアナム

ハマミズナ科 コノフィツム属
全長：20mm

コノフィツム属の中では珍しく、表面に模様がある。また
全体的に光沢があり、まるで光り輝く宝石のような姿で
マニアックなコレクターから人気を集める。この割れ目か
らは、夜に白い花を咲かせる。

Sink into the silence

Michael McGirr

Summer is the silent season, when vacations offer virtually the only chance for legions of beleaguered workers to escape their responsibilities. A wanton slumber on a hot afternoon offers the luxurious expanse of wasted time. The [wor]ld can keep turning without us for a

[...] word "holiday" owes its origin to [...] observance, to a "holy day." It [...] it the sense that encounters [...] reduce us to inactivity. [...] ation" does something of [...] means emptiness or

松山美紗
まつやま・みさ

多肉植物専門ブランド、「sol x sol」のクリエイティブディレクター。1978年埼玉県生まれ。フラワーアレンジの経験をへて、多肉植物の姿に魅了され多肉植物の世界に転向。「サボテン相談室」カクタスクリエイター羽兼直行さんに師事したあと、独立し現在に至る。

多肉植物専門ブランド

sol x sol
ソル・バイ・ソル

～タニクとニッコリ～をコンセプトに、雑貨感覚で多肉植物を育てる楽しみを提案。本書著者の松山氏の育てたかわいい多肉植物各種はもちろん、栽培のための実用品から、鉢植えの表情を変えるさまざまな小物まで揃えている。
https://www.solxsol.com

はじめての多肉植物栽培

2020年4月19日 初版第1刷発行

著者	松山美紗
写真	北村勇祐
デザイン	辻由美子
イラスト	しゃんおずん
編集	百日
制作進行	諸隈宏明
発行人	三芳寛要
発行元	株式会社パイ インターナショナル
	〒170-0005
	東京都豊島区南大塚 2-32-4
	TEL 03-3944-3981
	FAX 03-5395-4830
	sales@pie.co.jp
印刷・製本	図書印刷株式会社